Mehr über unsere Bücher, Autoren und Illustratoren
unter www.esslinger-verlag.de

Mit freundlicher Abdruckgenehmigung der Beiträge von
© Bruno Horst Bull, München

Coverillustration: Felicitas Kuhn
Einband- und Innentypografie: Christine Sassie
Reproduktion: Schwabenrepro GmbH, Stuttgart
Druck und Bindung: Livonia Print, Riga, Lettland

© 2018 Esslinger
in der Thienemann-Esslinger Verlag GmbH
Blumenstraße 36, 70182 Stuttgart
www.thienemann-esslinger.de
Printed in Latvia
Alle Rechte vorbehalten
ISBN 978-3-480-23412-7

Mein großes Vorlesebuch

Bilder von Felicitas Kuhn

Geschichten und Reime von Bruno Horst Bull,
Lene Hille-Brandts, Theodor Storm, u.a.

esslinger

Frau Holle schüttelt ihre Betten

Wenn der Schnee schön klebt, ist die Zeit gekommen, einen Schneemann zu bauen. Je toller Frau Holle im Himmel die Federbetten schüttelt, dass die Daunen fliegen, umso größer ist der Spaß für die Kinder. Bald steht eine dicke Schneefrau im Garten vor dem Haus. Auf dem Kopf trägt sie einen alten Kochtopf. Das glitzernde weiße Kleid der Schneefrau ist mit Kohlestückchen verziert. Auch im Gesicht hat sie zwei kleine Steinkohlen. Das sind ihre Augen. Eine dicke Mohrrübe ist die Nase. Als die Kinder am nächsten Morgen in den Garten kommen, ist die rote Nase der Schneefrau von einem hungrigen Vogel angepickt. Die Kinder wissen jetzt ihre Aufgabe: Sie bauen ein Vogelhäuschen, um die Not der Singvögel zu lindern.

Das Häuschen wird mit Tannenzweigen bedeckt und an einer geschützten, aber gut sichtbaren Stelle im Garten aufgestellt. Ein grober Maschendraht schützt die gefiederten Sänger vor unliebsamem Katzenbesuch.

Jeden Morgen streuen die Kinder den Vögeln Futter, das sie in einer Tierhandlung gekauft haben. Auch einen Fettring für Meisen haben sie aufgehängt. Daran können sich Blaumeisen oder Kohlmeisen schaukeln und sich gleichzeitig satt essen.

Vom Fenster aus beobachten die Kinder die Vögel, die sich am Futterhäuschen aufhalten. Sie fühlen sich hier alle wohl. Die Kinder aber haben beschlossen, die Fütterung den ganzen Winter über fortzusetzen, bis der letzte Schnee getaut ist und die Tierchen wieder in der freien Natur ihre Nahrung finden.

Der Schneefrau ist das auch recht. Sie hat schon fast keine Nase mehr und scheint darüber kein bisschen traurig zu sein. Frau Holle aber schaut von oben aus dem Himmelsfenster und hat dabei ganz und gar vergessen, ihre Kopfkissen zu schütteln …

Winter in der Bärenhöhle

Im tiefen, tiefen Forst wohnt die Familie Braunbär: Papa Brumm, Mama Bär und drei kleine Bärenjungen. Es ist tiefer Winter und ringsum ist der Wald verschneit. Deshalb liegt Papa Brumm in dieser kalten Jahreszeit am liebsten in seiner Höhle auf dem warmen Ofen. Er träumt von hellen Sommernächten und süßem Honig. Mama Bär steht am Herd und kocht Milchsuppe. Nur die drei Bärenjungen hält nichts in der Höhle. Sie stürmen ins Freie, denn es hat gerade wieder einmal geschneit. Was tun in der weiten weißen Welt, ohne zu frieren? Herumtollen ist gut, aber noch besser ist eine Schneeballschlacht: Hui, wie die Bälle fliegen!

Der älteste Bärensohn wirft fußballrunde Schneebälle. Der mittlere Bärensohn wirft handballrunde Schneebälle und der jüngste Bärensohn wirft tennisballrunde Schneebälle. Wenn sie auch nicht groß sind, so sind sie doch fest zusammengedrückt, fast wie Eisklumpen.

Einer dieser Eisklumpen trifft mit Wucht das Fenster der Bärenhöhle. Klirr, macht das Glas und die Scheiben sind entzwei! Ein eisiger Wind pfeift durch die Höhle, dass

Papa Brumm von seinem Platz am warmen Ofen aufschreckt. Er schimpft fürchterlich über seine angeblich so ungeratenen Jungen. Aber vom Schimpfen und Brummen wird die zerbrochene Fensterscheibe nicht wieder heil. Mama Bär allerdings weiß sich gegen die eindringliche Kälte zu wehren. „Wir nageln das Fenster mit Brettern zu", ordnet sie an.

Gesagt, getan. Papa Brumm und die drei Bärenkinder hämmern fleißig, bis sie fast ins Schwitzen kommen. Hinterher stopfen sie die Ritzen mit trockenem Waldmoos aus. Dadurch kann keine Zugluft mehr in die Höhle kommen. Aber es ist jetzt stockdunkel in der Bärenwohnung.

„Was machen wir in einer finsteren Höhle?", brummt Papa Brumm. „Wie sollen wir ohne Lichtschein den Winter verbringen?"

„Für Bären ist es das Beste, im Winter einen Winterschlaf zu halten", sagt Mama Bär. Damit hat sie recht und Papa Brumm ist mit einem Winterschlaf einverstanden.

„Lasst uns schlafen gehen", gähnt er. „Es muss nur einer von uns jeden Morgen aufstehen und den Ofen heizen. Dann kommen wir schön warm über den Winter."

„Wir werden uns mit dem Einheizen abwechseln", schlägt die kluge Bärenmutter vor. Und so wird es dann auch gemacht.

Am Montag heizt Papa Brumm den Ofen. Am Dienstag der älteste Bärensohn. Am Mittwoch der mittlere Bärensohn und am Donnerstag der allerkleinste. Am Freitag heizt Mama Bär besonders kräftig ein, damit die Glut im Ofen sich lange hält. Am Samstag und Sonntag heizt nämlich keiner. Das ist so, weil die Bären an Wochenenden nicht arbeiten. Deshalb kriechen sie an diesen beiden Tagen alle besonders dicht auf dem Ofen zusammen, um sich gegenseitig zu wärmen. Am Montagmorgen heizt dann der Bärenvater wieder kräftig ein. In einer warmen Bärenhöhle lässt es sich im eisigen Winter gut aushalten.

Und irgendwann geht wohl auch der längste Waldwinter wieder vorbei!

Der Winter ist da!

A, a, a, der Winter, der ist da!
Herbst und Sommer sind vergangen,
Winter, der hat angefangen.
A, a, a, der Winter, der ist da!

E, e, e, er bringt uns Eis und Schnee,
malt uns gar zum Zeitvertreiben
Blumen an die Fensterscheiben.
E, e, e, er bringt uns Eis und Schnee.

U, u, u, jetzt weiß ich, was ich tu!
Hol den Schlitten aus dem Keller,
und dann fahr ich immer schneller.
U, u, u, jetzt weiß ich, was ich tu!

Rund und bunt

Jedes Jahr im Februar
feiern wir wie toll,
dann ist unser großes Haus
voller Lärm. Tagein, tagaus
ist's von Gästen voll.

Jedes Jahr im Februar
geht es rund und bunt.
Dann beginnt die frohe Zeit
ausgelassener Heiterkeit.
Lachen ist gesund!

Stürmischer Karneval

Der Karneval im letzten Jahr,
der war gewiss sehr stürmisch.
Da zog mit bunten Luftballons
zum Markt der Händler Hürmisch.

Herr Hürmisch wollt' die Luftballons
mit viel Gewinn verkaufen.
Der Sturmwind wehte, das war toll,
und Hürmisch musste laufen.

Der Sturm war stark. Er fegte ihn
hinauf zum Rathausdache.
Mit Leitern bracht' ihn vom Kamin
zurück die Feuerwache!

Der Kutscher wollte König sein

Jahrelang schon hatte der königliche Hofkutscher die Majestät eines fernen Landes durch sein Reich kutschiert und täglich mit angesehen, wie dem König, wohin sie kamen, von dem untertänigen Volk gehuldigt wurde. Das gefiel dem Kutscher so ausnehmend gut, dass er selbst den Wunsch verspürte, einmal König zu spielen. Da es sich um einen leutseligen Herrscher handelte (und diese Geschichte in längst vergangenen Zeiten spielt, in denen das Unwahrscheinliche möglich war), konnte der einfache Mann sich eines Tages seinem Herrn anvertrauen. Dieser war auch sofort mit dem Tausch einverstanden und wusste es so einzurichten, dass sie auf einer der nächsten Fahrten von keinem Diener und keinem Minister begleitet wurden.

Als also der König allein mit seinem Kutscher ein Stück gefahren war und sie in einen kleinen Wald kamen, ließ der König halten. Schnell wechselten sie die Kleider: Der Regent erhielt den schon etwas speckigen Kutschermantel und die Peitsche. Der Kutscher aber legte sich den schwarzen Purpurmantel um die Schultern und bekam vom König höchstselbst die schwere Edelsteinkrone aufs Haupt gedrückt. So fuhren sie ins nächste Dorf. Wo sie auch auftauchten, riss das Volk die Mützen von den Köpfen, rief „Hurra!" und „Lang lebe der König!". (Wie gesagt, diese Geschichte begab sich zu einer Zeit, als man noch keine Demonstranten kannte, die bei Königsbesuchen mit matschigen Tomaten und faulen Eiern warfen.) Der Kutscher sonnte sich deshalb sehr im königlichen Glanz.

Mitten auf dem Dorfplatz ließ er halten, um sich gebührend feiern und bewundern zu lassen. Niemand aus dem Volke merkte etwas von der Komödie. So dauerte es auch gar nicht lange und schon kamen die ersten Bittsteller: Ein altes Mütterchen bat um Freilassung ihres Sohnes, der angeblich unschuldig im Gefängnis saß. Der Bürgermeister des Dorfes erbat eine Senkung der Steuerlast für die Gemeinde und einer der Bauern wollte seinen Sohn vom Militärdienst befreit wissen.

Der König auf dem Kutschbock lachte sich heimlich ins Fäustchen. Er beobachtete neugierig den Kutscher, wie er sich nun wohl entscheiden und aus der Affäre ziehen würde. Dass ein König auch unangenehme und verantwortungsvolle Aufgaben erledigen muss, hatte der Mann nämlich ganz übersehen.

Doch der ließ sich nicht ins Bockshorn jagen. Er war nämlich ein schlauer Kerl und sagte gewitzt: „Liebe Leute, als euer König und Herrscher dieses weiten Landes kann ich mich nicht um jede Kleinigkeit kümmern. Gebt darum getrost eure Bittbriefe meinem Kutscher. Er soll darüber entscheiden, was in jedem einzelnen Fall geschehen soll. Und so, wie er entscheiden wird, so soll es gut sein. Dieses ist mein königlicher Wille."

„Du hast das Zeug in dir, am Hofe Minister zu werden", sagte der König hinterher zu ihm, als sie am königlichen Palast eintrafen und die Kleider wieder getauscht hatten. „Und darum entlasse ich dich nun als Kutscher und stelle dich ein als Minister."

Der Kutscher fühlte sich geehrt und machte nunmehr seine Dienste als Minister.

Alle Vögel sind schon da

Alle Vögel sind schon da,
alle Vögel, alle!
Welch ein Singen, Musiziern,
Pfeifen, Zwitschern, Tiriliern!
Frühling will nun einmarschiern,
kommt mit Sang und Schalle.

Wie sie alle lustig sind,
flink und froh sich regen!
Amsel, Drossel, Fink und Star
und die ganze Vogelschar
wünschen dir ein frohes Jahr,
lauter Heil und Segen!

Kommt ein Vogel geflogen

Kommt ein Vogel geflogen,
setzt sich nieder auf mein' Fuß,
hat ein Zettel im Schnabel,
von der Mutter einen Gruß.

Lieber Vogel, flieg weiter,
bring ein Gruß mit und ein Kuss,
denn ich kann dich nicht begleiten,
weil ich hierbleiben muss.

Biene Summel begrüßt den Frühling

Weit hinten im Dorf, kurz vor einem Kiefernwald, wohnt der alte Opa Harms. In seinem Garten steht ein Bienenhaus. Den langen Winter ist es mit einer Strohschicht zugedeckt gewesen, damit die schlafenden Bienen vor der Kälte geschützt waren.

Nun hat die Vorfrühlingssonne den Schnee zum Schmelzen gebracht. Der alte Mann entfernt den Strohschutz an der Vorderseite des Bienenhauses und die gelbe Mittagssonne scheint warm auf die Fluglöcher. Da erwacht die Biene Summel im Bienenstock. Schlaftrunken taumelt sie durch die Öffnung aufs Abflugbrett. Die Wärme tut gut und macht munter.

Mit den Vorderfüßen putzt sie sich ihren dicken Bienenkopf. Ein seltsamer Geruch liegt in der Luft. Die Biene bewegt ihre gläsernen Flügel. Dann fliegt sie dem Geruch nach. Am Steinhaufen hinter dem Garten macht sie halt. Zwischen den Steinen streckt der Huflattich seine gelben Blüten ins Licht. Im Sonnenschein glänzen sie wie Gold. Summel lässt sich auf einer der Blüten nieder. Aber sie bleibt nicht lange, sie muss weitersuchen! Ein großer Weidenbaum lockt sie an. Die Kätzchen glänzen silbern im Licht. Auch hier lässt sich Summel nur einen Augenblick nieder, um ein wenig zu nippen. Dann fliegt sie zu ihrem Bienenvolk zurück.

Summend tanzt sie vor dem Bienenstock hin und her. „Gold und Silber habe ich gefunden, reiche Nahrung für alle Bienen! Kommt und schaut selbst!", summt sie.

Von diesem Gesang erwachen die Bienen im Innern des Bienenstockes. Sie beginnen zu brummeln und zu rumoren. Die Biene Summel aber tanzt weiter vor dem Flugloch auf und ab, um ihren Schwestern den Weg zur süßen Blütenquelle zu beschreiben.

Am Gartenzaun steht Opa Harms und freut sich. Jetzt braucht er die Bienen nicht mehr zu füttern. Jetzt können sie für sich selber sorgen. Bald werden sie so viel Honig gesammelt haben, dass sie den Menschen von ihrem Reichtum abgeben können.

Summ, summ, summ

Summ, summ, summ,
Bienchen, summ herum!
Ei, wir tun dir nichts zuleide,
flieg nur aus in Wald und Heide!
Summ, summ, summ,
Bienchen, summ herum!

Summ, summ, summ,
Bienchen, summ herum!
Such in Blumen, such in Blümchen
dir ein Tröpfchen, dir ein Krümchen!
Summ, summ, summ,
Bienchen, summ herum!

Summ, summ, summ,
Bienchen, summ herum!
Kehre heim mit reicher Habe,
bau uns manche volle Wabe!
Summ, summ, summ,
Bienchen, summ herum!

Die fleißigen Osterhasen

Osterhäslein hat entsetzt
im Kalender nachgesehen:
März ist's und noch nichts getan –
lasst uns an die Arbeit gehen!

Heute muss der Roller sausen –
Ostern wird's in Hasenhausen!
Hier, in der Narzissenstraße,
wohnt Familie Osterhase.
Da wird pünktlich um halb acht
schon die Morgenpost gebracht!

Und der Oster-Briefpost-Roller
wird an jedem Morgen voller.
Viele Kinder – bergeweise! –
schicken Briefe auf die Reise:
Ich will dies und ich will das,
Osterhase, bring uns was!

Meister Hase ringt die Hände,
nimmt die Post denn gar kein Ende?
So viel Leute schreiben Karten,
die auf Ostereier warten!
Aus der ganzen weiten Welt
werden immer mehr bestellt!

Häschen, helft die Post sortieren,
dass wir keinen Brief verlieren!
Wie viel Eier muss ich morgen
zum Bemalen noch besorgen?
Und vor allem: reicht die Zeit?
Nun ist Ostern nicht mehr weit!

Die kleine Prinzessin
denkt an den Osterhasen

Unten im Vorgarten hat die kleine Prinzessin ein rundes Nest aus Moos gebaut. Nun soll der Osterhase kommen! Platz genug ist in dem Nest. Viele Eier kann er hineinlegen. Dann ist sein Tragekorb hinterher nicht mehr so schwer. Die kleine Prinzessin sorgt sich um den Osterhasen. Ihre älteren Geschwister nehmen die Geschenke vom Mümmelmann ganz selbstverständlich hin, als müsste das so sein. Soll der Hase nur schleppen … Aber die kleine Prinzessin ist auf den Gedanken gekommen, auch dem Osterhasen eine kleine Freude zu bereiten. Wer von den Kindern denkt daran, ihm zu danken?

Anfangs wollte die kleine Prinzessin dem Hoppelhasen eine Tafel Schokolade aufs Moos legen. Doch Süßigkeiten hat der Hase um Ostern genug. Deshalb legt sie ihm eine sauber geschabte Möhre ins Nest.

Am Ostersonntag ist die Mohrrübe verschwunden. Der Hase hat sie gefunden. Als Dank liegen besonders viele gefüllte Schokoladeneier im Nest. So etwas ist dem Osterhasen nämlich noch nie passiert, dass auch mal jemand an ihn gedacht hat.

Osternest im Garten

Ich hab ein Nest aus Moos gemacht,
ein Nest von grünen Sternen,
im Garten baute ich's vor Nacht,
du darfst es nicht entfernen.
Im Garten fällt zur Nacht der Tau,
dem Moosnest schadet's nicht.

Und wenn ich morgen runterschau,
dann seh ich dicht bei dicht –
viel Zuckereier, gelb und grün,
das wird ein Heidenspaß,
im Garten, wo die Tulpen blühn,
da war der Osterhas'!

Hexen-Frühjahrsputz

Ein Hexenwohnungs-Frühjahrsputz
ist meistens nötig und von Nutz,
denn wer in einem Hexenhaus
schon war, der weiß: Dort sieht es aus
viel schlimmer als im Schweinestall!
Spinnweben hängen überall,
der Kalk, der rieselt von der Decke
und Mausdreck liegt in jeder Ecke.
Der Kater ist nicht stubenrein
und außerdem riecht es nicht fein.
Es stinkt! Und alle Fenster sind
von Staub und Schmutz und Regen blind.
Im Hexenhause finden sich
Frösche, Kröten, schauerlich,
auch Zauberbücher, ganz zerlesen
und fettig, alte Hexenbesen
und viele andere schmutzige Sachen.
Drum ist es Zeit zum Saubermachen.
Sobald vorbei das Ofenfeuern
beginnt das große Wohnungsscheuern.
Wenn's warm wird, sind die Hexen beim
Hausputz in jedem Hexenheim!

Morgens früh um sechs

Morgens früh um sechs
kommt die kleine Hex',
morgens früh um sieben
schabt sie gelbe Rüben.
Morgens früh um acht
wird Kaffee gemacht.
Morgens früh um neun
geht sie in die Scheun'.
Morgens früh um zehn
holt sie Holz und Spän',
feuert an bis elf,
kocht dann bis um zwölf.
Fröschebein und Krebs und Fisch.
Hurtig, Kinder, kommt zu Tisch!

Der Maikäfer im März

Drei Engerlinge waren nach langem Larvendasein zu Maikäfern herangewachsen. Einer von ihnen hatte einen schwarzen Rückenschild. Deshalb war er der Schornsteinfeger. Einer war auf dem Rücken grau. Er war der Müller. Der dritte Maikäfer aber trug einen purpurroten Panzer und deshalb war er der König.

„Ich bin der König!", prahlte der rote Maikäfer im Wurzelhaus unter der Ackerkrume. „Als König bin ich überall der Erste."

„Du darfst der Erste sein", sagte der gutmütige Müller. „Aber habe noch Geduld. Ich merke es an der Feuchtigkeit unserer Wohnung, dass wir unser Larvendasein zu früh beendet haben. Wir wollen noch ein paar Wochen warten, bis wir ins Freie stoßen, denn es ist sicher noch sehr kalt auf der Erde."

Der Schornsteinfeger nickte dem Müller beifällig zu, aber der Maikäferkönig rief: „Ich bin der König! Als König bin ich überall der Erste." Damit stieß er kräftig gegen die Erdscholle über seinem Kopf, bis diese nachgab und zerbrach. Durch den Erdspalt arbeitete sich der Maikäfer ins Freie. Es war gerade um die Mittagszeit und die Sonne schien warm vom Himmel.

„Ich bin draußen. Es ist Frühling, Frühling!", rief der Maikäferkönig begeistert.

Da streckte auch der Müller vorsichtig den Kopf durch die Erdspalte und schnüffelte in der lauen Luft herum.

„Es ist eine trügerische Wärme", sagte er. „Für uns Maikäfer ist die Zeit noch nicht gekommen. Komm zurück in unsere warme Wurzelwohnung, mein König."

Der Maikäferkönig aber hörte nicht auf die Rede des Müllers, sondern breitete seine Flügel aus und erhob sich in die Luft.

„Ich bin der König!", rief er. „Als König bin ich überall der Erste."

Da kroch der Müller ohne den König ins Wurzelhaus zurück, denn er wusste, der Maikäferkönig würde nicht mehr zurückkehren.

Der Maikäferkönig aber flog auf den nächsten Baum. Es war ein Pflaumenbäumchen, das am Ackerrand stand. Das hatte weder Blüte noch Blatt.

Hier kann ich meinen Hunger nicht stillen, dachte der rote Maikäfer, ich will die Dämmerung abwarten. In der Dämmerung fliegen die Maikäfer und suchen sich saftige Futterplätze.

Als die Dämmerung hereinbrach, machte sich der Maikäfer auf den Weg. Er flog auf die Landstraße, wo die großen Lindenbäume standen. Die Bäume waren kahl! Er flog in

die Obstplantage, doch auch hier war nichts zu brechen und zu beißen. In den Dorfgärten erging es ihm ebenso. An einem Strauch fand er ein paar bittere Knospen, die er heißhungrig anknabberte.

Ein eisiger Wind wehte durch die Gärten und dem Maikäfer wurde es ganz kalt und klamm. Stunden um Stunden saß er auf einem kahlen Ast und konnte sich kaum rühren. Schon dachte er, dass er sterben müsse, da begann die Sonne wieder zu scheinen. Die warmen Strahlen hauchten ihn wieder wach.

Wochenlang kämpfte der Maikäfer zwischen Tod und Leben. Endlich wurde es Mai. Die Bäume begannen zu grünen und die Nächte wurden mild und lau. Jetzt fand der Maikäfer genügend Nahrung, um seinen großen Hunger zu stillen. Nun hatte er die schwere Not überstanden.

Als er eines Abends den kleinen Pflaumenbaum am Ackerrand besuchte, saßen dort doch wahrhaftig der Müller und der Schornsteinfeger.

Sie hatten soeben ihre warme Behausung in der Erde verlassen und labten sich an den kleinen schmackhaften Pflaumenblättchen.

„Mein König, mein König!", rief der Müller überrascht. „Welch eine Freude, dich wiederzusehen! Wie ist es dir bisher ergangen?"

„Es war eine schreckliche Zeit", sagte der Maikäferkönig. „Ich wollte der Erste sein. Aber ich habe für meinen Leichtsinn und Hochmut schwer büßen müssen."

„Es wird schon seine Richtigkeit haben, dass die Menschen uns Maikäfer nennen", sagte der Schornsteinfeger. „Maikäfer fliegen im Mai. Wenn wir schon im März auf die Bäume fliegen sollten, hätte man uns sicher Märzkäfer genannt."

„Du hast recht, Schornsteinfeger", sagte der König. „Es wird mir eine Lehre fürs Leben sein."

„Sei nicht traurig, mein König", sagte der Müller. „Du hast die schreckliche Zeit überstanden und für deinen Hochmut gebüßt. Jetzt wollen wir alle drei ausfliegen und den Frühling begrüßen!"

Das Geschenk der Zwergenkinder

Die Zwergenkinder Fridolein
und Mimimaximag,
die machten ihrer Mutter ein
Geschenk zum Namenstag.
Sie gruben eine Tulpe aus
im Garten von Herrn Schür
und pflanzten sie vor ihrem Haus
der Mutter vor die Tür.
Da freute sich die Mutter sehr
und fand es fabelhaft.
Wie aber kam die Tulpe her?
Wie hatten sie's geschafft?
Für Zwerge ist die Tulpe noch
viel schwerer als ein Baum,
und trotzdem schafften sie es doch,
man staunt und glaubt es kaum.
Die Kinder scheuten keine Müh,
sie gruben, hackten, hieben
und schufteten von spät bis früh,
weil sie die Mutter lieben.

Mit Stricken zogen sie sodann
die schwere Tulpe fort.
Das gab ein seltsames Gespann!
Doch endlich war man dort.
Ja, endlich, endlich war's geschehn,
das Häuschen war erreicht.
Die große Tulpe konnte stehn,
und das war gar nicht leicht.
Die Zwerge werkten eine Nacht
und taten's nicht bereun:
Stolz stand die Tulpe da voll Pracht,
die Mutter zu erfreun.
Die Tulpe stand vorm Zwergenhaus
hoch wie ein Fahnenmast,
so groß und riesig sah sie aus,
wie eine Lampe fast.
Durch dies Geschenk von Fridolein
und Mimimaximag
wurd's für das Zwergenmütterlein
der schönste Namenstag.

Was im Juni geschieht

Im Junimond geschieht so viel:
Im Freien gibt's manch Kinderspiel.
Die Tage werden lind und lau.
Auf Margeriten perlt der Tau.
Im Kurort ist bald Hochsaison.
Auch erste Bienen kamen schon.
Stockrosen blühn in Parkanlagen.
Voll Blütenstaub sind Wespenkragen.
Springbrunnen rauschen immerfort
trotz Autolärm im Urlaubsort.
Die Tauben ziehen Junge groß.
Im Bauhof sind die Hunde los.

Kornblumen blühen auf dem Feld.
Stahlblauer Himmel deckt die Welt.
Ein Vater geht mit seinen Söhnen
spazieren. Herdenglocken tönen.
Zu frischem Heu wird hohes Gras.
Der Pfingstmarkt macht den Kindern Spaß
mit Karussells und Zuckerständen.
Die Strickerin mit flinken Händen
sitzt abends lange vor dem Haus
und schaut gern nach dem Vollmond aus.
Und es geschieht, wenn's Abend ist,
dass man das Fernsehen ganz vergisst.

Welche Lösung müssen die Erdbeerdiebe finden?

In einem Dorf lebte eine richtige Rasselbande, die war der Schrecken des Ortes. Nichts war vor ihnen sicher, nicht einmal die Beerengärten des Dorfschulmeisters.

Als die Zeit herangekommen war, da die Erdbeeren reif wurden, stiegen die Jungen in den Garten ein und wollten von den aromatischen roten Früchten kosten.

Natürlich blieb dies dem Lehrer nicht verborgen und am nächsten Morgen gab es eine Strafpredigt. Wenn der Herr Lehrer auch sehr streng war, so hatte er die Kinder doch gern. Deshalb beschloss er, sie nicht zu bestrafen, wenn sie sich gescheit anstellten und folgende Aufgabe lösten: Sie sollten, so sagte der Lehrer, am Nachmittag allesamt vor seinem Häuschen erscheinen. Sie sollten halb geritten und halb gegangen kommen. Wenn sie die Bedingung erfüllten, wolle er ihnen die Dieberei nachsehen.

Nach der Schule berieten die Jungen lange, wie die Aufgabe zu lösen war. „Wir müssen uns Pferde bei den Bauern ausleihen", meinte einer der Buben. „Einen Fuß müssten wir im Steigbügel halten, mit dem anderen aber auf der Erde gehen. Dann kämen wir halb geritten und halb gegangen."

„Viel zu umständlich", riefen die anderen. „Außerdem viel zu kostspielig. Welcher Bauer verleiht seine Pferde umsonst?"

„Ich weiß etwas anderes", gab ein zweiter an. „Wir machen es so: Die Hälfte von uns geht zu Fuß vor das Haus des Lehrers. Die andere Hälfte reitet auf Pferden oder Eseln oder was wir sonst an Reittieren ausleihen können."

„Du könntest dann ja auf einem Ziegenbock reiten!", sagten die anderen. Aber der Junge verteidigte sich: „Wir kämen dann jedenfalls halb geritten und halb gegangen!"

„Unsinn", krähte ein dritter. „Ich habe die Lösung: Wir reiten auf …"

Die Kinder ritten auf Steckenpferden, das ist halb geritten und halb gegangen.

Das unzufriedene Schweinchen

Es war einmal ein kleines Schweinchen, das lief auf dem Bauernhof herum.

„Ich glaube, dass ich hässlich bin", dachte das kleine Schweinchen.

Nun krähte der Hahn auf dem Zaun. Da dachte das Schweinchen: „Der Hahn lacht mich aus, weil ich nur so ein kleines Ringelschwänzchen habe."

Deshalb lief das Schweinchen bis zum Dorfteich. Da schnatterten die Enten und Gänse. Da dachte das Schweinchen: „Die Enten und Gänse lachen mich aus, weil ich nur so ein kleines Ringelschwänzchen habe. Wenn nur jemand käme, der mit mir tauschen wollte."

Da kam das Eichhörnchen über den Weg gesprungen und das Schweinchen sagte: „Vertausche mir dein Schwänzchen. Ich geb dir meines, du gibst mir deines!"

Das Eichhörnchen sagte: „Jetzt in der warmen Sommerzeit kann ich meinen Puschelschwanz nicht entbehren. Ich muss ihn als Fallschirm benutzen, wenn ich von Baum zu Baum springe. Was willst du für den Tausch bezahlen?"

„Ich zeige dir, wo im Garten die großen Nussbäume stehen."

„Die kenne ich schon", rief das Eichhörnchen. Da war das Schweinchen sehr traurig und lief zur Wiese. Dort graste die bunte Kuh. Das Schweinchen sagte: „Vertausche mir dein Schwänzchen. Ich geb dir meines, du gibst mir deines!"

Die Kuh sagte: „Jetzt in der warmen Sommerzeit kann ich meinen Wedelschwanz nicht entbehren. Ich muss damit die Fliegen verjagen. Was willst du für den Tausch bezahlen?"

„Ich zeige dir, wo der Bauer die Steckrüben gepflanzt hat."

„Das Steckrübenfeld kenne ich schon", brummte die Kuh.

Da war das Schweinchen traurig und lief wieder zum Hof zurück. Dort stolzierte der stolze Pfau. Das Schweinchen sagte: „Vertausche mir dein Schwänzchen. Ich geb dir meines, du gibst mir deines!"

Der Pfau sagte: „Jetzt in der warmen Sommerzeit kann ich meinen Federschwanz nicht entbehren. Ich muss damit ein Rad schlagen und mir frische Luft zufächeln. Was willst du für den Tausch bezahlen?"

„Ich gebe drei Golddukaten."

Da dachte der Pfau: „Drei Golddukaten sind kein Pappenstiel", und er war mit dem Tausch einverstanden.

So erhielt der Pfau das Schweineschwänzchen. Das Schweinchen aber durfte sich mit Pfauenfedern schmücken. Stolz lief es im Hof herum.

Da krähte der Hahn: „Kikeriki! Seht nur her! Unser Schweinchen zieht in den Karneval!"

Da kamen die Hühner aus dem Hühnerhaus gelaufen. Das Pferdchen kam von der Weide, die Enten kamen vom Teich. Die Schäfchen mähten, die Ziegen meckerten, die Katze miaute und der Hofhund kam angesprungen und bellte. Alle machten sie sich über das arme Schweinchen lustig.

Da dachte das Schweinchen: „Wenn ich nur mein Schwänzchen wiederhätte, vielleicht würde die Gesellschaft dann still sein."

Damit lief es zurück zum Pfau und sagte: „Lieber Pfau, wir wollen wieder unsere Schwänzchen tauschen." Aber der Pfau war klug und tat so, als ob er mit dem Tausch sehr zufrieden gewesen sei.

Er sagte zum Schweinchen: „Getauscht ist getauscht. Ich habe den Tausch nicht gewollt. Wenn du dein Schwänzchen zurückhaben willst, musst du mir nochmals drei Golddukaten geben."

„So viel Geld besitze ich nicht", sagte das Schweinchen. „Ich bin ein armes Schweinchen. Kannst du es mir nicht billiger machen?"

„Gut", sagte der Pfau, „dann musst du dein Schwänzchen abarbeiten. Jeden Tag drei Stunden Extra-Arbeit auf dem Bauernhof! Hier gibt es immer viel zu tun."

Damit musste sich das Schweinchen zufriedengeben. Es war froh, als es sein eigenes Schwänzchen wiederbekam.

Der Sommer, der ist da!

Tra, ri, ra,
der Sommer, der ist da!
Wir wollen in den Garten
und woll'n des Sommers warten.
Ja, ja, ja,
der Sommer, der ist da!

Tra, ri, ra,
der Sommer, der ist da!
Wir wollen zu den Hecken
und woll'n den Sommer wecken.
Ja, ja, ja,
der Sommer, der ist da!

Tra, ri, ra,
der Sommer, der ist da!
Der Winter ist zerronnen,
der Sommer hat begonnen.
Ja, ja, ja,
der Sommer, der ist da!

Hinterm Hause Nummer drei

Hinterm Hause Nummer drei
ist die große Bäckerei.
Dort gibt's Torten,
alle Sorten,

Zuckerbretzeln, süße Kuchen.
Wollen Sie davon versuchen?
Danke sehr! Ich hätte gern
Gugelhupf und Zimetstern.

Backe, backe Kuchen

Backe, backe Kuchen,
der Bäcker hat gerufen,
wer will guten Kuchen backen,
der muss haben sieben Sachen:
Eier und Schmalz,
Zucker und Salz,
Milch und Mehl,
Safran macht den Kuchen gel.
Schieb, schieb in Ofen rein!

Der Spatz und seine Freunde

Ein kleiner Spatz war erwachsen geworden. Deshalb verließ er das Nest seiner Eltern, um sich in der Welt umzusehen.

„Ich will mir einen Freund suchen, um den mich die ganze Welt beneiden soll", rief der kleine Spatz und er dachte: „Ich will mir einen großen Freund suchen!" Husch, flog er davon.

Zufällig kam er an dem Tierpark vorbei. In einem Wasserbecken inmitten des Gartens badete ein großes grünes Krokodil. Es war ein riesengroßes Ungeheuer mit einem langen Krokodilsschwanz. Doch Spatzen sind von Natur aus mutige Vögel und unser Spatz dachte: „Ich will das Krokodil fragen, ob es mein Freund sein will."

Das Krokodil war gerade aus dem Bad gestiegen, als der Spatz neben ihm landete. Die Riesenechse kuschelte sich wohlig in

den warmen Sand, blinzelte den Spatzen mit seinen glitzernden Krokodilsaugen an und sagte: „O ja, gern. Solch einen Freund wie dich suche ich schon lange. Du kannst mir gleich die Zähne putzen." Dabei riss das Krokodil das Maul auf und der Spatz sprang munter hinzu und pickte dem Krokodil alle Essensreste fort, die zwischen den spitzen Zähnen hängen geblieben waren.

Diese Arbeit musste der arme Spatz von nun an jeden Tag verrichten. Wenn Kinder in den Zoo kamen, sahen sie dem Spatzen bei seiner Tätigkeit zu und manche lachten ihn aus, denn sie sagten: „Der kleine Spatz ist der Kammerdiener des großen Krokodils."

Der Spatz aber wollte nicht der Diener des Ungeheuers, sondern sein Freund sein. Da er aber nicht der Freund der Echse werden konnte, flog er eines Tages auf und davon.

Er flog und flog, bis er in den großen Wald kam. Dort sah er Hirsche und Rehe. Abseits von dem Rudel spazierte ein majestätischer Hirsch mit einem großen Geweih. Er war ganz allein. Der Spatz dachte: „Der Hirsch ist einsam und sehnt sich vielleicht nach einem Freund. Ich will zu ihm fliegen und ihn fragen, ob er mein Freund sein will."

Der kleine Spatz flog zu dem Hirsch und fragte: „Darf ich dein Freund werden?"

Der Hirsch hob seinen Kopf stolz in die Höhe und sagte: „Setz dich auf die Spitze meines Geweihs, dann will ich dich spazieren tragen." Also setzte sich der Spatz in eine Gabelung des Hirschgeweihs und der Hirsch trug den Vogel im Wald herum.

Die anderen Hirsche und Hirschkühe staunten sehr, als sie den großen Hirsch mit dem Vogel im Geweih daherkommen sahen, denn es gilt bei Hirschen für sehr vornehm, einen Vogel im Geweih zu haben. Anfangs gefiel es dem Spatzen ganz gut, fortwährend spazieren getragen und bewundert zu werden. Aber bald merkte er, dass der große Hirsch dies alles nur tat, um selbst bei den Hirschkühen im Ansehen zu steigen. Da erkannte der Spatz, dass die Freundschaft des großen Hirsches zu ihm auch nicht die wahre Freundschaft war, und deshalb machte er sich – hui! – aus dem Staub.

Müde und enttäuscht rastete der kleine Spatz in einer Dornenhecke am Feldrand. Da setzte sich eine flinke kleine Feldspätzin neben ihn und pfiff ein fröhliches Spatzenlied. Dieses Lied gefiel dem kleinen Spatzen so gut, dass er die kleine Spätzin fragte: „Darf ich dein Freund werden?"

Die kleine Spätzin schlug vor Überraschung die Flügel über dem Kopf zusammen und

tat sehr aufgeregt. Sie zwitscherte: „O ja, gern. Aber du musst mir helfen, ein Nest zu bauen und die Eier auszubrüten, die ich legen werde."

„Wenn es sein muss", nickte der Spatz, und dann bauten sie gemeinsam ein Nest.

Bald merkte der Spatz, dass diese Arbeit viel schöner war als alles, was er vorher getan hatte. Und plötzlich wusste er auch, dass er in seiner jungen Spatzenfrau den einzig richtigen Freund und Partner fürs Leben gefunden hatte.

Das Ährenfeld

Ein Leben war's im Ährenfeld
wie sonst wohl nirgends auf der Welt:
Musik und Kirmes weit und breit
und lauter Lust und Fröhlichkeit.

Die Grillen zirpten früh am Tag
und luden ein, wer es denn mag.
Hier ist es gut, herein, herein!
Hier schenkt man Tau und Blütenwein!

Der Käfer kam mit seiner Frau
trank hier ein Mäßlein kühlen Tau,
und wo nur winkt' ein Blümelein,
da kehrte gleich das Bienchen ein.

Den Fliegen ward die Zeit nicht lang,
sie summten manchen frohen Sang.
Die Mücken tanzten ihren Reihn
wohl auf und ab im Sonnenschein.

Das war ein Leben ringsumher,
als ob es ewig Kirmes wär.
Die Gäste zogen aus und ein
und ließen sich's gar wohl dort sein.

Durch den Zauberwald

Es war einmal ein Kind, das wollte seine Großmutter besuchen, die im Wald in einem kleinen Häuschen wohnte. Als es in den Wald kam, da sprangen und sangen die Vögel in den Zweigen. Die Blumen blühten und die Schmetterlinge schaukelten und wiegten sich im Sonnenschein. Dies alles gefiel dem kleinen Mädchen, es spielte im Wald und dachte nicht mehr an das Häuschen und an die Großmutter darin. Wie es so spielte und weiterging, hatte es den rechten Weg verloren. Da fing es an zu weinen. Auf einmal stand ein Zwerglein da und fragte es: „Warum weinst du, mein Kind?"

Und das Kind antwortete: „Ich habe den Weg zur Großmutter verloren und nach Hause finde ich auch nicht."

Da sprach das Männlein: „Sei nicht mehr traurig, mein Kind! Die Tierlein des Waldes sind meine Diener. Sie sollen dir helfen und dich nach Hause führen, denn du bist im Zauberwald."

Und schnell war das Männlein verschwunden. Das Kind ging ein Stückchen im Zauberwald, da kam ein Vöglein geflogen und rief: „Wit, wit! Nimm mich mit! Ohne mich kommst du nicht ans Ende!"

„Es ist mir ganz recht, wenn ich Gesellschaft bekomme, du liebes Vöglein", antwortete das Kind. „Komm nur mit, wir wollen zusammen gehen." Da flatterte das Vöglein neben dem Kinde her, und als sie beide müde und hungrig waren, setzten sie sich unter einen Baum. Da aßen sie miteinander Brot und Erdbeeren, dann gingen sie weiter.

Plötzlich summte eine Hummel im Grase, die rief dem Kinde zu: „Summ, summ, torumm, torumm! Nimm mich mit! Ohne mich kommst du nicht ans Ende!"

„Ach ja, komm nur mit, wenn du trommelst und summst, können wir gut marschieren."

Da flog die Hummel mit und das Kind pflückte

Blumen für sie, daran konnte die Hummel saugen und dann umso frischer summen.

Als sie ein Stück weitergekommen waren, bemerkten sie eine Spinne. Sie hing an einem langen Faden am Baum herunter und sprach: „Sisisi, sisisi! O nimm mich mit, nimm mich mit! Ohne mich kommst du nicht ans Ende!" Da nahm das Kind die Spinne auch mit und

alle vier gingen zusammen. Auf einmal standen sie vor einer großen Hecke. Wie da hindurchkommen? Es war kein Weg zu finden. Da sprach die Hummel: „Ich weiß einen Rat. Nimm

flog über die Dornenhecke und brachte die beiden Kameraden glücklich hinüber. Das Vöglein war schon früher angekommen. Kaum waren sie ein Stück weiter, kamen sie an ein breites Wasser.

das Vöglein und die Spinne in dein Schürzchen und hänge dich fest an meine Beine!"

Das Vöglein sprach: „Ich helfe mir selbst", und flog über die Hecke.

Das Kind aber nahm die Spinne in sein Schürzchen und hielt sich an den Beinen der Hummel fest. Diese erhob sich,

„Wie kommen wir da hinüber?", fragte das Kind. – Die Spinne sprach: „Lasst mich nur machen!" Dann ließ sie sich von der Hummel übers Wasser tragen und während sie flogen, spann sie einen festen Faden, den sie an beiden Ufern befestigte. Dann lief sie wie ein Seiltänzer auf dem Spinnfaden zurück und sprach zu dem Kind: „Die Brücke ist fertig, jetzt nimm das Vöglein in dein Schürzchen, setze dich auf meinen Rücken und lass dich hinübertragen!"

Das tat das Kind auch gleich, es nahm das Vöglein in sein Schürzchen – ach nein, das flog ja selbst übers Wasser. Das Kind setzte

Da bedankte sich das Kind tausendmal bei dem freundlichen Zwerglein. Dem Vöglein, der Spinne und der Hummel schenkte es zum Dank schöne Blumen. Ach, wie freute es

sich auf den Rücken der Spinne und diese kroch auf der Fadenbrücke hinüber.

Als sie dort angekommen waren, stand plötzlich das Zwerglein wieder da und sprach zu dem Kind: „Jetzt bist du wieder aus dem Zauberwald heraußen. Das Vöglein, die Hummel und die Spinne sind meine Diener, die sollen wieder mit mir gehen. Dort siehst du das Waldhäuschen stehen, in dem deine Großmutter wohnt."

sich, als es das Waldhäuschen so nahe sah. Es lachte ganz laut und lustig und lief ins Häuschen und fand die gute Großmutter. Das Mädchen fiel der Großmutter um den Hals und sprach: „Wenn ich wieder in den Wald gehe, will ich nie mehr mein Großmütterlein vergessen, und wenn ich auch noch so schöne Dinge sehe."

Ri-ra-rutsch

Ri-ra-rutsch,
wir fahren mit der Kutsch'.
Wir fahren mit der Schneckenpost,
bei der es keinen Pfennig kost'.
Ri-ra-rutsch,
wir fahren mit der Kutsch'.

Die Giraffe stößt an die Sterne

In einem heißen Land nahe am Meer lebte einmal eine Giraffe, welche sehr neugierig war. Da sie ihren Kopf immerfort nach allen Seiten reckte und streckte, um möglichst viel von dem zu sehen, was vor sich ging, wurde ihr Hals länger und länger. Schließlich war er so lang geworden, dass sie eines Nachts, als sie sich im Schlaf streckte, mit dem Kopf an die Sterne stieß. Durch diesen Stoß wurde die Giraffe wach. Viele Sterne kamen aus ihrem Gleichgewicht und fielen auf die Erde herunter.

Ein Teil der Sterne fiel ins Meer. Die wunderschöne Beleuchtung der langsam im Wasser niedersinkenden Lichter erfreute die Fische. Ihre Schuppen schillerten in allen Farben, schöner als die Perlmuttschalen der Muscheln. Die Fische glitten aufgeregt hin und her. Sie hätten am liebsten gesungen, wenn sie es gekonnt hätten. Aber Fische sind nun ja einmal stumm. Alsdann verlöschten die Sterne nach und nach, weil sie das Wasser nicht vertragen konnten. Im Meer wurde es wieder so dunkel, wie es vorher gewesen war. Der andere Teil der Sterne fiel in die Wüste. Wohl sah es auch in der Wüste schön aus, wie sie so dalagen und leuchteten und glitzerten. Aber die Wüstentiere, die durch den Sternensturz aufgeweckt worden waren, fürchteten, die Welt könne anfangen zu brennen. Und wie sollte man einen Brand löschen?

Eine Feuerwehr mit langen Wasserschläuchen gibt es ja nicht in der Wüste. Ihre einzige Hilfe in der Not waren die Elefanten. Sie konnten ihre langen Rüssel mit Wasser vollsaugen und darum mussten sie nun, einer hinter dem anderen, von der Wüste zum Meer und vom Meer zur Wüste wandern. Sie holten immer wieder Meerwasser herbei und besprengten damit die brennenden Sterne. Dabei spritzte das Wasser in hohem Strahl aus ihren Rüsseln wie aus unzähligen Springbrunnen.

Morgens um fünf Uhr waren endlich alle Sterne gelöscht. „Gott sei Dank hat niemand bemerkt, dass ich die Schuld daran trage, dass die Sterne vom Himmel fielen", sagte die Giraffe leise zu sich. Sie schämte sich sehr. Nie mehr wollte sie neugierig sein, das schwor sie sich! Während sie sich noch schämte, geschah es, dass ihr Hals kürzer und kürzer wurde, so wie eine Gummischnur kürzer wird, an welcher man gezogen hat und die man plötzlich wieder loslässt. Wenn er auch am Ende doch noch einige Meter lang blieb, so konnte jeder glauben, dass es so sein müsse. Darüber freute sich die Giraffe sehr. Obwohl die Sonne bereits aufgegangen war, legte sie sich erschöpft in den Sand und schlief nochmals ein. Schließlich hatte sie durch die vielen Aufregungen nur drei Stunden in der Nacht geschlafen. Und drei Stunden Schlaf sind für eine Giraffe zu wenig.

Dr. Allwissend

Es war einmal ein armer Bauer, der hieß Krebs. Eines Tages fuhr er mit seinen zwei Ochsen einen Wagen voll Holz in die Stadt. Das Holz verkaufte er einem gelehrten Doktor.

Der Doktor saß gerade am Mittagstisch, als der Bauersmann seine Bezahlung erhielt. Da sah der Bauer, wie man in der Stadt aß und trank, und das Herz wurde ihm weit. Er wäre auch gern ein reicher und gelehrter Mann gewesen, um im Wohlstand leben zu können.

Als er heimfuhr, traf er einen Wandergesellen. Er ließ den Burschen aufsitzen und die beiden redeten dies und das. Endlich fragte der Bauer den Burschen, wie man Doktor werden könne.

„Was brauche ich dazu?", fragte der Bauer.

„Das ist bald geschehen", sagte der Bursche. „Erstens kauf dir ein ABC-Buch mit einem bunten Gockelhahn darin. Zweitens mache deine Ochsen zu Geld und schaff dir damit neue Kleider an. Drittens lass dir ein Schild malen mit der Aufschrift: ‚ICH BIN DOKTOR ALLWISSEND'. Dieses Schild nagele oben über deine Haustür."

Der Bauer tat, wie ihm der Bursche geheißen hatte. Bald schon war er in der Gegend als Doktor Allwissend bekannt.

Nun war einem reichen Herrn Geld gestohlen worden, der hörte von dem klugen Bauern. Also ließ er anspannen, fuhr hinaus ins Dorf und fragte bei dem Bauern, ob er der Doktor Allwissend sei.

Der Bauer sagte: „Ja, der bin ich!"

„So geh mit mir und schaff mir das gestohlene Geld wieder herbei."

„Gern", sagte der Bauer. „Aber die Grete, meine Frau, muss auch mit."

Der Herr ließ beide in den Wagen einsteigen. Und dann fuhren sie zusammen fort.

Als sie in das Haus des reichen Herrn kamen, war der Tisch schon gedeckt und der Doktor Allwissend sollte mitessen.

Das gefiel dem Bauern sehr. „Gern", sagte er. „Aber die Grete, meine Frau, muss auch mitessen."

Dann setzten sie sich an den Tisch.

Als nun der Diener kam und die Suppe brachte, stieß der Bauer seine Frau an und sagte: „Grete, das ist der Erste." Er meinte, es wäre der erste Gang des Essens. Der Diener aber dachte, der Bauer hätte sagen wollen: „Das ist der erste Dieb!" Eilig lief er in die Küche, um seinen Kameraden alles zu erzählen. „Der Doktor weiß alles, wir sind übel dran: Er hat gesagt, ich wäre der Erste!", keuchte er. Da bekamen es die Kameraden mit der

Angst zu tun. Das schlechte Gewissen plagte sie, denn sie hatten wirklich das Geld gestohlen. Der zweite wollte gar nicht in den Saal hineingehen. Aber er musste doch. Er trug eine verdeckte Schüssel, in der ein gekochter Krebs war. Nun sollte der Bauer seine Kunst zeigen und der Herr sagte: „Wenn Ihr der Doktor Allwissend seid, so sagt mir, was in der Schüssel liegt."

Der Bauer starrte die Schüssel an und wusste sich nicht zu helfen.

„Ach, ich armer, armer Krebs!", seufzte er.

Da fing der Diener an zu zittern. Schnell setzte er die Schüssel auf den Tisch und lief zurück in die Küche. Der Doktor musste allwissend sein, wie sollte er sonst ausgerechnet auf Krebs gekommen sein! Der dritte Diener fürchtete sich sehr und kroch heimlich in den Ofen, der in der Ecke des großen Saales stand. Dort fühlte er sich sicher. Der reiche Herr aber fragte den Doktor Allwissend: „Sagt mir, wer hat mir nun mein Geld gestohlen? Da Ihr alles erkennt, wisst Ihr sicher auch, wer das Geld hat."

Da sagte der Bauer: „Ich will suchen, bis ich es gefunden habe."

Dabei blätterte er in seinem ABC-Buch herum, um den bunten Gockelhahn zu finden. Er blätterte hin und her, aber er suchte

vergebens. Deshalb rief er verärgert aus: „Du bist doch darin und musst auch heraus!"

Da glaubte der diebische Diener im Ofen, er sei gemeint. Voller Schrecken sprang er heraus und rief: „Der Mann weiß alles!"

Damit warf er sich seinem Herrn zu Füßen und bekannte seine Schuld. Auch die beiden anderen Diebe wurden herbeigeholt und sie mussten das gestohlene Geld wieder herbeischaffen. Da sie noch nichts davon ausgegeben hatten, verzieh ihnen der Herr. Sie erhielten nur eine geringe Strafe.

Doktor Allwissend aber bekam eine große Belohnung. Freudestrahlend zog er mit seiner Frau, der Grete, nach Hause, denn er war reich beschenkt worden.

Der kluge Mann und seine Frau lebten noch lange hochgeehrt in ihrem Dorf.

Und wenn sie nicht gestorben sind, dann leben sie noch heute.

Das Haus der Bücher

Das Haus der Bücher: Wo es steht,
das ihr auf diesem Bild hier seht?
In dem die Kinder lesen, lesen,
als wär es immer so gewesen?

Solch Haus der Kinderbücher hat
bestimmt schon heute jede Stadt.
Geht nur herum und schaut und seht,
das Bücherhaus heißt: ... ?

Bibliothek

Spannenlanger Hansel

Spannenlanger Hansel,
nudeldicke Dirn',
gehn wir in den Garten,
schütteln wir die Birn'.

Schüttel ich die großen,
schüttelst du die klein',
wenn das Säckchen voll ist,
gehn wir wieder heim!

Das Kornfeld

Was ist schöner als das Feld,
wenn die Halme all, die schlanken,
leise schwanken
und ein Halm den andern hält?

Wenn im Korn die Blumen blühn,
leuchtend rot und blau dazwischen
und sich mischen
lieblich in das sanfte Grün.

Wenn es flüsternd wogt und wallt,
Lerchen sich daraus erheben,
drüber schweben
und ihr Lied herniederschallt!

Dann den schmalen Pfad zu gehn
durch das Korn, welch eine Wonne!
Nur die Sonne,
nur die Lerche kann uns sehn.

Der Bauer und der Spielmann

Ein Bauer saß vor seinem Hause auf der Bank und paffte aus seiner Tabakspfeife dicke Rauchwolken in die Luft. Er hatte sein Tagewerk beendet und sann nun darüber nach, wie er sich die Arbeit für den nächsten Tag am besten einteilte. Seine Frau Rosine hackte im Garten die Bohnen. Rosinchen, sein Töchterlein, goss die Blumen, denn nach dem heißen Tag hatten sie großen Durst.

Es war ein schöner Abend und der Bauer hätte wohl zufrieden sein können, wenn nicht ein Ackerstück ihm Sorgen bereitet hätte. Dort wuchs das Korn nur spärlich. Viele Steine bedrängten die zarten Wurzeln. Mochte der Bauer sie im Herbst auch absammeln: Im Frühling waren sie wieder da, gerade als wüchsen sie aus dem Boden heraus. So kam es, dass ihm immer eine tiefe Sorgenfalte über der Nasenwurzel stand, selbst dann, wenn er am Abend sein Pfeifchen schmauchte.

Da trat plötzlich ein Spielmann durch das Hoftor.

„Guten Abend!", rief er heiter. „Du machst so ein miesepetriges Gesicht, lieber Bauer. Dabei scheint dein Pfeifchen zu schmecken. Wer eine so gute Frau hat und ein so liebes Töchterchen, der sollte jubeln vor Glück. Dein Korn steht gut. Im Stalle brummt das Vieh vor Wohlbehagen. Sag, was willst du mehr?"

„Ach", klagte der Bauer, „vergiss nur nicht das Ackerstück, auf dem die vielen Steine wachsen. Du wirst es gesehen haben, als du zu mir gingst. Ich habe Sorgen, große Sorgen."

„Haha", lachte da der Spielmann. „Siehst du die kleinen Wolken, die durch den Abendhimmel segeln? Wie langweilig wäre der Himmel ohne sie! So ist es auch im Leben. Wem alles zur Zufriedenheit gerät, gewinnt bald die Faulheit zum Freund und gerät in Not. Die Steine auf deinem Acker, lieber Bauer, halten deine Kräfte frisch. Sei dankbar dafür!"

Der Bauer winkte müde ab. „Lägen die Steine auf eines anderen Acker, könnte ich auch so klug reden wie du."

„Ich biete dir meine Dienste an", sagte da der Spielmann. „Von Stund an wirst du vergnügt deine Arbeit tun. Alle Menschen werden dich lieben, weil du allen Menschen gut bist."

„Was kannst du denn?", fragte der Bauer.

Statt einer Antwort zog der Spielmann seine Fiedel aus dem Sack und begann zu spielen. Dazu sang er:

„Es zog ein Mann auf die Wanderschaft,
der wollte das Glück erjagen.
Im Golde, sprach er, ist Wert und Kraft:

Wer Geld hat, braucht sich nicht zu plagen.
Wohl fand er das Gold an manchem Ort.
Das Glück aber lief vor dem Geldsack fort.

Der Nächste war schier vor Kummer krank,
sofern sich die Menschen vertrugen.
Drum schürte er fleißig Streit und Zank
und lachte, wenn andre sich schlugen.
Doch suchte auch er umsonst das Glück:
Der Teufel hielt ihn mit Lust am Genick.

Ich aber zieh durch die schöne Welt.
Mich locken nicht Purpur noch Seide.
Denn meine Fiedel wiegt mehr als Geld.
Ihr Klingen schafft Liebe und Freude.
Und munter grüßt mich ein jeder Blick:
In meinen Liedern – da wohnt das Glück."

Das klang so schön, dass Rosine und Rosinchen an den Gartenzaun herantraten, um zu lauschen. Schon nach den ersten Takten war es im Hofe und im Garten lebendig geworden. Hinter den Büschen, hinter den Hausecken und Gerätschaften, die auf dem Hof standen, ja selbst aus der Hundehütte kamen die guten Haus-, Hof- und Flurgeister hervor und tanzten zur Weise des Spielmanns einen lustigen Reigen.

Der Bauer lächelte still vor sich hin. Dabei verschwand allmählich die tiefe Sorgenfalte von seiner Stirn. Als der Spielmann aufhören wollte, bat der Bauer: „Spiele weiter, guter Freund, spiele weiter! So froh wie heute war ich mein Lebtag nicht."

Und der Spielmann strich die Fiedel. Die Haus-, Hof- und Flurgeister tanzten, die Bauersfrau bekam leuchtende Augen und Rosinchen schenkte dem Spielmann die schönste Rose, die im Garten zu finden war.

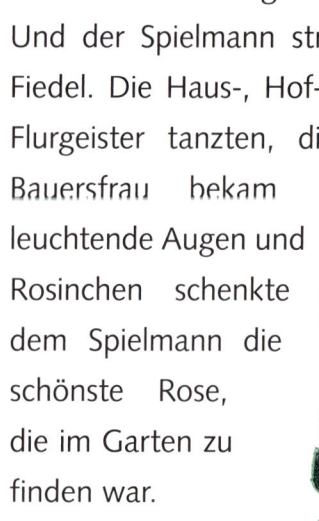

Schließlich ließ der Spielmann die Fiedel sinken. Er konnte ja nicht die ganze Nacht hindurch spielen und die fröhlichen Tänzer schwebten davon. Der Bauer aber zog den Spielmann an seine Brust und versprach ihm, dass er ihn wie seinen eigenen Sohn halten wolle, wenn er nur immer bei ihm bliebe. Das gefiel dem Spielmann und er blieb.

Von nun an herrschten im Hause des Bauern Tag für Tag Glück und Freude. Wenn der Bauer die Steine auf seinem Acker sah, lachte er herzhaft und rief: „Mit euch werde ich wohl fertigwerden."

Mit freundlichen Gedanken sah der Bauer in die Welt. Er half den Menschen, die in Not gerieten, und alle Menschen liebten ihn, nicht nur der Spielmann. Am meisten aber liebten ihn seine Frau Rosine und sein Töchterchen Rosinchen.

Brüderchen, komm, tanz mit mir

Brüderchen, komm, tanz mit mir,
beide Hände reich ich dir,
einmal hin, einmal her,
rundherum, das ist nicht schwer.
Mit den Händchen klapp, klapp, klapp,
mit den Füßchen trapp, trapp, trapp,
einmal hin, einmal her,
rundherum, das ist nicht schwer.
Mit dem Köpfchen nick, nick, nick,
mit den Fingerchen tick, tick, tick,
einmal hin, einmal her,
rundherum, das ist nicht schwer.

Ei, das hast du gut gemacht,
ei, das hätt' ich nicht gedacht,
einmal hin, einmal her,
rundherum, das ist nicht schwer.
Noch einmal das schöne Spiel,
weil es mir so gut gefiel,
einmal hin, einmal her,
rundherum, das ist nicht schwer.

61

Der neue Mieter

Der Sommer ist schon lange müd,
der Rittersporn hat ausgeblüht,
der Regen tröpfelt leise.
Der kecke Starmatz Ferdinand
studiert den Fahrplan an der Wand
und rüstet sich zur Reise.

Zum Abschied kommt er noch ins Haus.
Er zieht die kleine Börse raus
und zahlt die letzte Miete.
Wer packt indes die Koffer ein,
packt Schuh und Strümpfe mit hinein?
Das Starenweibchen Fiete.

Dann hocken beide auf dem Draht
im allerneusten Reisestaat,
um auf den Zug zu warten.
Der Starenkasten ist nun leer,
wir haben keine Mieter mehr
und einsam wird der Garten.

Doch plötzlich klopft's an unsre Tür.
Es ruft von draußen: „Ich bin hier,
der Siebenschläfer Schmittchen.
Ich suche just ein neues Haus
und seh, die Stare ziehen aus.
Vermietet mir das Hüttchen!"

Der Hans spricht fröhlich: „Abgemacht!
Die Miete kostet fünf Mark acht
für je vier volle Wochen."
Der Siebenschläfer dankt ihm sehr,
dann gähnt er laut und spricht nicht mehr
und ist davongekrochen.

Bald zog das neue Mieterlein
in unseren Starenkasten ein.
Die Stare schimpften kräftig.
Sie flogen voller Schrecken weg,
verloren beinah ihr Gepäck
und ärgerten sich heftig.

Des Morgens ruft der Hansel stets:
„Grüß Gott, Herr Mieter!" und:
„Wie geht's?"
Dann wartet er geduldig.
Jedoch, soviel er rief und rief:
Der Siebenschläfer schlief und schlief
und blieb die Miete schuldig.

Laterne, Laterne

Laterne, Laterne,
Sonne, Mond und Sterne.
Brenne auf, mein Licht,
brenne auf, mein Licht,
aber nur meine liebe Laterne nicht!

Es regnet, es regnet,
es regnet seinen Lauf!
Und wenn's genug geregnet hat,
dann hört's auch wieder auf!

Es regnet, es regnet,
die Erde wird nass!
Und wenn's genug geregnet hat,
dann wächst auch wieder Gras!

Ferdinand und die Freunde in der Fremde

An einem kalten Herbstnachmittag beschloss Ferdinand, der Mäuserich, sich auf die Suche nach etwas Essbarem zu machen. Als er ins Freie trat, pfiff ihm der Wind nur so um die Ohren, doch Ferdinand wusste, dass es im Wald noch ein paar saftige Beeren geben musste. Und wirklich, gleich am Waldrand entdeckte er welche. Hinter jedem Baum fand er mehr Beeren und er lief dahin und dorthin, immer tiefer in den Wald hinein.

Überall naschte Ferdinand von den Früchten, die noch so wunderbar nach Sommer schmeckten. Als er schon ganz rote Pfötchen vom Pflücken hatte, bemerkte er, dass es bereits dunkel wurde. Zwischen den Wolken leuchtete schon der Mond am Himmel. Aber es lag noch irgendetwas anderes in der Luft … Und da spürte Ferdinand es: Auf einmal wurde es kalt und feucht auf seiner kleinen Mäusenase. Auch am Ohr traf ihn etwas Kaltes.

Der Mäuserich staunte: Um ihn herum tanzten jetzt weiße Schneeflocken, die in der Luft umherwirbelten. Der Winter war gekommen! Ferdinand begann, fürchterlich zu frieren. Er konnte im Schneetreiben kaum noch etwas sehen. In welche Richtung sollte er nun laufen? War dort hinten vielleicht der Bach? Oder die große Eiche? Der kleine Mäuserich spürte, wie ein dicker Kloß in seinem Hals emporstieg. Wie sollte er jetzt bloß nach Hause finden? Er kannte sich einfach nicht mehr aus!

Plötzlich hörte Ferdinand ein Pfeifen. Ob das der Jagdruf eines gefährlichen Tieres war? Doch da raschelte es und vor ihm stand ein junges Murmeltier. Es fragte: „Hallo, Maus, was machst du denn hier draußen?" Und der Mäuserich antwortete schnell: „Ich heiße Ferdinand und ich glaube, ich habe mich verlaufen." Das Murmeltier überlegte kurz und sagte dann: „Es ist kalt und dunkel und der Weg zum Waldrand weit. Komm und sei mein Gast! Ich bin übrigens Karlchen."

Ferdinand war sehr froh über diese Einladung und folgte Karlchen durch den Schnee. Bald erreichten sie eine kleine Tür, die zwischen Laub und Wurzelwerk versteckt war. Karlchen öffnete das Türchen und schon betraten sie einen unterirdischen Bau. Drinnen war alles mit Stroh bedeckt und in der Mitte des hübschen Raumes stand ein großer Tisch, an dem die Murmeltierfamilie gerade beim Abendessen saß. Als sie den Neuankömmling erblickte, holte Karlchens Mutter noch einen Stuhl für Ferdinand. Gemeinsam aßen dann alle von den vielen Leckereien und lachten und schwatzten lange. Spät am Abend bereitete die Mutter ein Bettchen für Ferdinand, dem schon die Augen zufielen. Der Tag war einfach zu aufregend gewesen!

Als er am nächsten Morgen erwachte, gab es gleich ein leckeres Frühstück. Nachdem er von den knackigen Möhrchen gegessen hatte, wollte Ferdinand wieder nach Hause aufbrechen, auch wenn es hier wirklich gemütlich war. Karlchen begleitete ihn noch zur Tür und sagte: „Lauf immer Richtung Tanne, dann bist du bald am Waldrand. Und wenn du uns wieder besuchen willst, klopf einfach an unsere Tür unter der Birke – du bist stets willkommen."

Ferdinand lächelte und winkte zum Abschied. Wie schön ist es doch, in der Fremde Freunde zu haben!

Es wird
wieder Herbst

Heut habe ich einen Blick getan,
um den mich mancher beneiden kann.
Heut war ich der herbstlich freien Natur
ganz nahe begegnet auf ihrer Spur.
Ich sah etwas Großes mit Bäumen
und Blättern.
Hübsch bunt verfärbt in Oktoberwettern,
natürlich, wie sie kein Maler malt,
und golden von Sonne überstrahlt.
Ich sah zwei Igel, die sich verstecken
vor der Winterkälte in Brombeerhecken.
Wo sah ich die bunten Blättern wehen?
Im Herbstwald natürlich,
da hab ich's gesehen!

Dicke Kastanien

Hinter dem Stadtmuseum befindet sich ein kleiner Park, in dem die Kinder spielen. Dort wachsen uralte Kastanienbäume. Auf den Bänken unter den Bäumen sind im Sommer immer schwatzende Rentner und strickende alte Damen zu finden.

Doch jetzt zu Beginn des Herbstes sind die alten Leute verschwunden. Dafür haben die Kinder ganz und gar von dem Park Besitz ergriffen. Mit Stöcken und Steinen versuchen sie die Kastanien aus den Bäumen herunterzuwerfen. Noch sind die braunen, glatten Früchte in einer schützenden grünen Stachelhülle eingebettet. Eigentlich sind die Kastanien auch noch gar nicht reif. Die reifen Bällchen würden nämlich von ganz allein vom Baum fallen. Aber so lange wollen die Kinder nicht warten.

Zwei der größeren Jungen tun sich besonders als Plünderer hervor. Sie haben mit ihren dicken Stöcken nicht nur erfolgreich Kastanien heruntergeschlagen, auch Blätter und kleine Äste liegen auf Kiesweg und Rasen verstreut. So geht das nicht weiter. Wenn das der Parkwächter oder gar ein Polizist sehen würde ...

Einer der Jungen ist auf die Lehne einer Parkbank gestiegen, die unter einem dicken Kastanienbaum steht. Von der Lehne aus kann er die untersten Zweige des Baumes

erreichen. Der Baum ist mit grünen Stachelkugeln übervoll behangen.

„He, Maxi, du musst auf den Baum steigen und die Äste schütteln. Du sollst sehen, wie die Kastanien purzeln werden", rät ihm sein Freund, der unter dem Baum steht.

Maxi lässt sich das nicht zweimal sagen. Flink hangelt er sich wie ein Eichhörnchen auf den untersten Ast. Von dort aus ist es dann nicht mehr schwer, bis in die Krone des Baumes zu klettern.

Maxi oben in seinem Baum macht es Spaß, mit aller Gewalt zu rütteln. Aber da verliert er plötzlich das Gleichgewicht. Das knackt und rauscht in den Zweigen – und rums! – liegt er auf dem Kiesweg. Vor seinen Augen tanzen Sterne. Die Kinder sind entsetzt zur Seite gesprungen.

Wer aus dieser Höhe auf die Erde fällt, der merkt, wie hart der Boden ist. Maxi hat sich zum Glück nichts gebrochen, aber hat einen großen Schreck bekommen.

Entsetzt ruft sein Freund: „Wie konnte das geschehen?"

Maxi weiß keine Antwort. Mühsam erhebt er sich und humpelt, von zwei Jungen gestützt, davon. Plötzlich haben alle Kinder von der Kastaniensuche genug. Mögen andere die Bäume plündern. Ihnen ist es gleich. Und Maxi? Er hat seine Lehre bekommen. Als er plötzlich unten lag, war er die dickste Kastanie, die je von einem Kastanienbaum gefallen ist …

Ulkiger Herbst

Im Herbst sind die Rossäpfel rund und reif
und gleichfalls die Rosskastanien.
Die Glühbirnen werden jetzt saftig und weich,
doch wachsen sie nur noch in Spanien.
Die Bilderbuchblätter fallen vom Baum,
von den Lauben löst sich das Laub.
Die Blütenkelche samt Staubgefäßen,
die werden jetzt wieder zu Staub.
Eine letzte Gurke hab ich gesehn,
die wuchs – ich weiß es nicht,
ob ich es freimütig sagen darf:
mitten in deinem Gesicht!

Der Riese Donnergroller und die Zwerge

Nicht weit von der österreichischen Grenze liegt ein großer Berg. Dieser Berg sieht aus wie jeder andere auch und doch hat es mit ihm eine besondere Bewandtnis. Er ist hohl und es sind Säle aus Bergkristall darin.

In diesem Berg wohnten ein mächtiger Riese und viele winzig kleine Zwerge. Und weil der Riese so stark war und Riesenkräfte besaß, mussten die Zwerge alles tun, was er wollte. Am schlimmsten aber war seine Gefräßigkeit. Die armen Zwerge mussten Tag und Nacht backen und braten und der Riese aß alles auf. Bekam er aber nicht genug zu essen, dann fing er an zu toben und hauste in den

Kristallsälen des Berges wie ein Elefant im Porzellanladen. Die Zwerge hatten darauf zwei Tage lang nichts anderes zu tun, als die Scherben wegzukehren.

Wenn der alte Donnergroller aber ausgekollert hatte, legte er sich zum Schlafen in den größten Saal. Dann schnarchte er, dass der Berg zitterte und die Leute am Fuß des Berges sagten: „Kinder, passt nur auf, es kommt ein Gewitter!"

Ihr könnt euch nun vorstellen, was die armen Zwerge alles herbeischaffen mussten, um den Donnergroller satt zu kriegen, denn der hätte am liebsten drei ausgewachsene Ochsen auf einmal verspeist.

Alle hundert Jahre einmal durften die Zwerge den Berg verlassen, um in der Kirche im Dorf zu beten. Als dieser Tag wieder einmal kam, machten sich die Zwerge schon früh auf den Weg, damit sie auch rechtzeitig in der Kirche sein würden. Sie konnten mit ihren kurzen Beinen ja nur kurze Schritte machen. Als der Riese Donnergroller nun sah, dass alle Zwerge den Berg verlassen hatten, wurde es ihm langweilig und er dachte: „Du könntest auch einmal hinausgehen und dir die Welt ansehen. Anschauen kostet nichts." Der Riese verließ also den Berg. Aber er dachte gar nicht daran, in die Kirche zu gehen. I wo! Als er im Dorf war, lehnte er sich ganz gemütlich über das Hausdach des Wastelbauern und schaute durch den Schornstein in die Stube, denn er war von Natur aus neugierig.

Die Familie saß gerade bei der Mittagssuppe. Da schnaufte der Donnergroller einmal kräftig, und – hui! – flog dem Bauern der Hut vom Kopf. Das war eine lustige Sache. Denn es war eine Unsitte des Bauern, am Mittagstisch den Hut auf dem Kopf zu behalten.

„Was für ein Sturmwind ist heute", sagte der Bauer. „Der Sturm pfeift bis in die Stube. So etwas hat es noch nie gegeben."

„Schau nur, wie sich die Balken biegen!", rief die Bäuerin entsetzt, denn der Riese drückte mit seinem Gewicht fast das Haus ein.

Als Donnergroller sah, was er für Entsetzen verursachte, wandte er sich von dem Bauernhof weg, brach sich einen Ziegelei-Schornstein als Wanderstecken ab und schritt gemütlich zum Bahnhof, wo gerade ein Zug mit Erholungsreisenden angekommen war.

Da der Riese nun den Zug so lustig dampfen sah, bekam er Lust, ein wenig damit zu spielen, wie wir es mit unserer elektrischen Eisenbahn tun. Er kniete sich also auf den Bahnsteig nieder und schob den Bahnhofsvorsteher, der das verhindern wollte, einfach mit dem kleinen Finger beiseite. Dann fing er an, mit den Zügen zu spielen und ließ sie auf den Schienen hin und her rasen. Na, da hättet ihr die Urlauber mal schimpfen hören sollen.

Den Donnergroller aber störte das keinesfalls.

Er holte sich Güterzüge herbei, kippte die Ladung auf den Bahnsteig, setzte den Bahnhofsvorsteher in einen offenen Wagen und brachte in kurzer Zeit den gesamten Fahrplan durcheinander.

Als er endlich genug vom Spiel hatte, ließ er alles wie Kraut und Rüben stehen und verließ den Bahnhof. Unterwegs rupfte er noch ein paar Dutzend Bäume wie Grashalme aus. Dann ging er auf eine große Wiese und legte sich dort zum Schlafen nieder, denn vom Spielen wird man bekanntlich müde.

Die Zwerge aber beteten in der Kirche, der Herrgott möge sie doch von dem alten Riesen befreien. Und der Wunsch der Zwerge wurde erhört. Nachdem sie nach Anbruch der Dunkelheit in ihren Berg zurückgekehrt waren, blieb dieser für alle Zeit ganz fest verschlossen. Als der Riese erwachte, begann es schon zu tagen. Da wollte er schnell wieder in den Berg. Aber er konnte den Eingang nicht mehr finden. Da schlug er wie toll mit der Faust

gegen die Bergkuppe, dass der kahle Fels hervorkam. Doch endlich beruhigte er sich und sagte: „Wenn ich nicht mehr in den Berg hineinkann, ist es auch gut. Das Zwergenessen war sowieso nichts für meinen Appetit." Und so verließ er die Gegend und wurde nie mehr gesehen. Die Zwerge aber lebten fortan in Ruhe und Frieden.

Der Herbst

Der Herbst geht durch die Gärten, ein brauner Wandersmann.
Er schaut die blauen Pflaumen, die reifen Äpfel an.
Er lässt die Trauben reifen mit letzter Sonnenkraft,
mit allerletztem Lächeln hat er es heut geschafft.
Er wiegt die weißen Gänse vorn auf dem Rasenplatz.
Aus dem Holunder jagt er den frechen, dicken Spatz.
Die Gladiole lächelt ihm heimlich zu am Zaun.
Die Blätter, die vergehen, sie sind schon welk und braun.
Und graue Nebel wallen durch Wiese, Busch und Tal,
nachts bringen sie als Raureif Eissplitter ohne Zahl.
Doch Busch und Strauch und Obstbaum setzt neue Triebe an,
dass alles nach dem Winter neu wieder blühen kann.

Der Wind

Ich bin der Wind!
Höre mich, Kind:
Huiii! Huiii!
Hui, wie ich rase
durch Stadt und Straße!
Huiii, um die Ecke,
durch Garten und Hecke,
um Häuser und Türme.
Ich wehe, ich stürme!
Höre mich, Kind:
Ich bin der Wind!
Huiii!

Ich geh mit meiner Laterne

Ich geh mit meiner Laterne
und meine Laterne mit mir.
Dort oben leuchten die Sterne
und unten leuchten wir.
Mein Licht ist schön, könnt ihr es sehn?
Rabimmel, rabammel, rabumm.

Gespensterlaterne

Im Herbst, da weiß ich was:
Es sinkt der Nebel ins Gras,
dann machen wir uns einen Spaß!
Wir bauen 'ne Gespensterlaterne.
Und scheinen am Himmel die Sterne,
dann leuchtet sie uns aus der Ferne.
Wir können die anderen necken,
indem wir uns gut verstecken
und sie mit dem Lichte erschrecken.
Ein riesiger Kürbiskopf
gut ausgehöhlt und mit Schopf,
den fürchtet ein jeder Tropf!
Ja, das haben Kinder gerne:
im Herbst die Gespensterlaterne,
die leuchtet aus weiter Ferne!

Die Bremer Stadtmusikanten

Es hatte ein Mann einen alten, treuen Esel mit einem roten Halfter. Der hatte schon lange, lange Jahre unverdrossen die Säcke zur Mühle getragen und den schweren Karren gezogen. Nun gingen allmählich seine Kräfte zu Ende, sodass er zur Arbeit von Tag zu Tag untauglicher wurde. Da dachte sein Herr daran, den unnützen Fresser aus der Welt zu schaffen. Der Esel merkte aber, dass kein guter Wind wehte, und er lief fort. Als er darüber nachdachte, womit er jetzt seinen Lebensunterhalt verdienen sollte, beschloss er, sich auf den Weg nach Bremen zu machen: Dort könnte er, so meinte der Esel, ja Stadtmusikant werden.

Als er ein Weilchen so einsam und recht traurig dahingetrottet war, traf er einen alten, braunen Jagdhund, der auf dem Wege lag und japste, wie einer, der sich müde gelaufen hat. „Was schnaufst du denn so, wie ein Fisch, der nach Luft schnappt?", fragte der Esel.

„Ach", sagte der Hund, „weil ich alt bin, jeden Tag schwächer werde und auch auf der Jagd nicht mehr so recht hinter den Hasen herrennen kann, wollte mich mein Herr totschlagen. Da habe ich Reißaus genommen; aber womit soll ich jetzt mein Brot verdienen? Einen neuen Herrn finde ich auf meine alten Tage nicht mehr."

„Weißt du was", schlug der Esel vor, „ich gehe nach Bremen und werde dort Stadtmusikant.

Geh doch mit und versuch dich auch in der Musik. Ich spiele die Laute und du schlägst die Pauke."

Der Hund war zufrieden, und sie gingen gemeinsam weiter. Sie waren noch nicht lange gegangen, da sahen sie am Wegrand eine pechschwarze Katze sitzen. Der liefen die Tränen nur so herunter, und sie machte ein Gesicht wie drei Tage Regenwetter.

„Was ist dir denn in die Quere gekommen, du alter Bartputzer?", fragte der Esel.

„Ja, wie soll man da noch lustig und vergnügt bleiben, wenn's einem an den Kragen geht", antwortete die Katze.

„Wer will dir was antun und warum?", fragte der Hund.

„Ach", seufzte die Katze, „weil ich in die Jahre gekommen bin, meine Zähne stumpf werden und ich lieber hinter dem Ofen sitze und schnurre, als nach Mäusen umherzujagen, hat mich meine Herrin ertränken wollen. Zwar habe ich mich noch rechtzeitig aus dem Staub machen können; aber nun ist guter Rat teuer: Wo soll ich hin? Ein warmer Ofen und ein weiches Plätzchen finden sich nicht mehr so leicht für einen alten, schon etwas steif gewordenen Mäusefänger."

„Komm mit uns nach Bremen! Du bist doch ein Meister der Nachtmusik, du kannst mit uns Stadtmusikant werden", schlugen die Wandergesellen vor. Die Katze fand, dass das ein guter Vorschlag war, und ging mit.

Bald darauf kamen die drei an einem Bauernhof vorbei, da saß auf dem Torbalken der bunte Haushahn und schrie aus Leibeskräften.

„Du schreist, dass es einem durch Mark und Bein geht", rief ihm der Esel zu, „wo brennt es denn, dass du so krähen musst?"

„Ha", krähte der Hahn, „schändlicher Undank! Da habe ich gutes Wetter angekündigt, aber weil morgen Gäste

zur Stadtmusik. Du hast doch eine gute Stimme, und wenn wir zusammen musizieren, sind wir ein harmonisches Quartett."

Der Hahn ließ sich den Vorschlag gefallen, sprang von seinem Balken herab, und sie gingen alle vier zusammen fort. Die Köchin jedoch hat sich ein anderes Opfer für ihre Suppe suchen müssen.

Die Stadt Bremen war weit, und unsere vier Freunde konnten sie nicht in einem Tag erreichen. Als es Abend wurde, kamen sie an einen dichten Wald, und der Esel, als ihr Anführer, sprach: „Hört zu, Kameraden, wir sind alle nicht mehr die Jüngsten, und es ist nicht gut,

kommen, hat die Hausfrau kein Erbarmen und der Köchin befohlen, dass ich in der Suppe gegessen werden soll. Heute Abend wird mir der Hals umgedreht, da schrei ich jetzt, solange ich es noch kann."

„Ach was, du Rotschopf, wer wird sich freiwillig den Kopf abschneiden lassen, solange er ihn noch zum Nachdenken gebrauchen kann", sagte der Esel. „Zieh lieber mit uns fort, etwas Besseres als den Tod findest du überall. Wir gehen nämlich nach Bremen

die alten Glieder allzu sehr zu strapazieren. Auch kann man bei Nacht nicht gut wandern. Lasst uns in diesem Walde nächtigen, so gut es geht, und erst bei Tagesanbruch unseren Weg fortsetzen, wenn es wieder hell wird." Und die Gesellen beschlossen, sich jeder ein geeignetes Quartier zu suchen. So legten sich der Esel und der Hund unter einen

denn hier ist die Herberge unfreundlich und nicht das Rechte für unsere alten Knochen. Es ist feucht, und der Wind pfeift durch die Büsche."

Der Hund meinte auch, ein paar handfeste Knochen mit etwas Fleisch daran könnten ihm guttun. Die Katze sehnte sich nach einem Plätzchen am Ofen, und der Hahn wünschte sich lieber ein Dach über dem Kopf, als sich auf Baumeswipfeln vom Winde schaukeln zu lassen.

Also machten sie sich auf den Weg durch den finsteren Wald nach der Gegend, aus der das Licht kam, und bald sahen sie es heller und heller schimmern. Es wurde immer größer, bis sie vor ein hell erleuchtetes Räuberhaus kamen. Der Esel, der ja der Größte von ihnen war, näherte sich dem Fenster und schaute hinein.

„Was siehst du, Grauschimmel?", fragte der Hahn. – „Oh, Freunde", antwortete der Esel,

großen Baum, dessen Krone ihnen etwas Schutz bot. Die Katze kletterte am Stamm empor und suchte sich ein Plätzchen in einer der unteren Astgabeln, in dem sie sich lang machte. Der Hahn flog bis in die Spitze des Baumes, wo es am sichersten für ihn war. Ehe er einschlief, sah er sich noch einmal nach allen vier Winden um. Er wandte sich zuerst nach Westen zur untergehenden Sonne, dann blickte er nach Süden in den klaren Sternenhimmel, darauf nach Osten gen Sonnenaufgang und schließlich nach Norden, von wo ihm der Polarstern aus dunkler Nacht entgegenleuchtete. Da war ihm, als sähe er in nicht allzu großer Ferne im Wald ein Lichtlein brennen. Er rief seinen Gesellen zu, es müsse nicht weit von hier ein Haus sein, denn es scheine ein Licht zu ihm herauf.

Da meinte der Esel: „Dann lasst uns dort hingehen, trotz der späten Stunde,

Schauer über das zerzauste, schwarze Fell. Da beratschlagten die Tiere, wie sie die Räuber aus dem Haus jagen könnten, und einigten sich auf einen Plan:

Der Esel musste sich mit den Vorderfüßen auf das Fenstersims stellen, der Hund sollte auf den Rücken des Esels springen, die Katze auf den Hund klettern, und schließlich der Hahn hinaufflattern und sich der Katze auf den Kopf setzen. Wie sie sich so

„ich sehe einen reich gedeckten Tisch mit schönem Essen und Trinken in Hülle und Fülle. Räuber sitzen um den Tisch und lassen es sich gut gehen." – „Viele Räuber?", fragten die Genossen.

„Ich sehe drei", berichtete der Esel. „Der eine wird der Hauptmann sein, denn er trägt einen verwegenen Schnauzbart und hat einen spitzen Hut auf, mit einer Feder daran. Ein anderer scheint ein übler Kerl zu sein mit einer schwarzen Binde über dem rechten Auge. Der dritte mit der grauen Mähne und dem geflickten Wams ist ein richtiger Einfaltspinsel."

„Die haben's gut und sitzen warm", winselte der Hund. „Das wäre die richtige Herberge für uns", krähte der Hahn. „Satt sein und am Feuer schnurren", miaute die Katze, und dabei ging ihr ein wohliger

Die Räuber fuhren bei dem entsetzlichen Geschrei voller Schrecken in die Höhe, warfen die Stühle um und verschütteten den Wein. Sie dachten, ein fürchterliches Gespenst käme da zum Fenster herein, und flohen in großer Furcht in den Wald hinaus, so schnell ihre Füße sie tragen konnten. Da nun das Haus frei war, setzten die vier Gesellen sich munter an den Tisch und schlugen sich mit den übrig gebliebenen Speisen den Magen voll. Der Esel ließ sich Salat und Möhren schmecken, der Hund hielt sich an Wurst und Schinken. Die Katze fand frischen Fisch für ihren Hunger, und der Hahn war mit Brot und einigen Körnern zufrieden. Sie aßen, als ob sie vier Wochen lang hungern sollten, denn sie wussten ja auch nicht, wie lange es ihnen so gut ergehen würde.

Als die vier Spielleute mit dem Essen fertig waren, löschten sie das Licht aus und suchten sich eine Schlafstätte, jeder nach seiner Art und Bequemlichkeit. Der Esel legte sich auf den Misthaufen hinter dem Haus und streckte sich

aufgestellt hatten, fingen sie auf ein Zeichen alle auf einmal an, ihre Musik zu machen: Der Esel schrie aus Leibeskräften, der Hund bellte, so wütend er nur konnte, die Katze miaute herzzerreißend, dass es einem ins Mark ging, und der Hahn krähte schrill und durchdringend. Dann stürzten sie durch das Fenster in die Stube hinein, dass die Scheiben zersprangen und die Scherben klirrend auf den Boden fielen.

dachte daran, wie der Herr seine Mühe durch reichliches Futter belohnt hatte.

Der Hund war im Traum mit seinem Herrn auf der Pirsch und jagte spielend die flinksten Hasen. Die Katze träumte von fetten Mäusen und von süßer Milch, die ihr zur Belohnung vorgesetzt worden war. Der Hahn schließlich schritt als Herr über viele Hühner stolz erhobenen Hauptes über seinen Hof, und sein Kamm leuchtete wie eine Königskrone.

wohlig in der Wärme.

Der Hund rollte sich hinter der Tür zusammen und knurrte vor Behaglichkeit. Die Katze schnurrte sich auf dem Herd bei der warmen Asche ein, und der Hahn flog hinauf auf den Hahnenbalken und steckte den Kopf unter den Flügel.

Weil sie müde waren von ihrem langen Weg und auch von der reichlichen Mahlzeit, schliefen sie bald ein und träumten von ihren besten Tagen: Der Esel sah sich mit Säcken voll beladen zur Mühle traben, als er noch ein kräftiger junger Bursche war, und

Feuer fangen sollte und er eine Kerze daran anzünden konnte. Aber die Katze verstand keinen Spaß, sie sprang dem Räuber ins Gesicht, schrie und kratzte. Der erschrak gewaltig und schrie aus voller Kehle um Hilfe.

Er lief umher und wollte zur Hintertür hinaus; aber der Hund, der da lag, sprang auf und biss ihn ins Bein. Als er über den Hof am Misthaufen vorüberrannte, wartete der Esel schon auf ihn und gab

Als Mitternacht vorbei war und die Räuber von Weitem sahen, dass kein Licht mehr im Hause brannte und alles ruhig schien, sprach der Räuberhauptmann zu seinen Leuten: „Wir hätten uns doch nicht ins Bockshorn jagen lassen sollen." Und er ließ einen von seinen Räubern, den mit dem einfältigen Gesicht, hingehen und das Haus untersuchen, denn er selbst traute dem Frieden nicht so ganz.

Der Räuber schlich auf Zehen leise herbei. Als er alles still vorfand, ging er in die Küche, um ein Licht anzuzünden. Weil er die feurig leuchtenden Augen der Katze für glühende Kohlen ansah, hielt er ein Schwefelhölzchen daran, damit es

ihm noch einen kräftigen Schlag mit dem Hinterfuß. Der Hahn aber, der von dem Lärm aus dem Schlaf geweckt worden war, rief von seinem Balken herab: „Kikeriki, kikeriki!" Da lief der Räuber völlig außer Atem zu seinem Hauptmann zurück und sprach: „Ach, in unserem Haus ist der Teufel eingekehrt. Am Herd sitzt eine furchtbare Hexe, die hat mich angeblitzt mit ihren grünlich glühenden Augen, mich giftig angefaucht wie ein böser Drache und mir mit ihren langen Fingern das Gesicht zerkratzt. Vor der Tür steht ein starker Mann mit einem scharfen Messer, damit hat er mich ins Bein gestochen. Und auf dem Hof liegt ein schwarzes Ungetüm, das hat mich mit einer Keule verprügelt, und oben auf dem Dach sitzt ein Richter, der rief: ‚Bringt mir den

Schelm, bringt mir den Schelm.' Da machte ich schleunigst, dass ich fortkam."

Von nun an getrauten die Räuber sich nicht mehr zurück in das Haus. Den vier Bremer Stadtmusikanten gefiel es aber so gut darin, dass sie nicht wieder heraus wollten.

Du liebe Zeit!   Die Flocken fliegen   Ach, bitte sehr:
Es schneit, es schneit! und bleiben liegen.   noch mehr, noch mehr!

ABC, die Katze lief im Schnee,
und als sie wieder rauskam,

da hatt' sie weiße Stiefel an.
ABC, die Katze lief im Schnee.

Herr Nikolaus

Herein, herein, Herr Nikolaus,
es sind nur brave Kinder im Haus!

Herein, herein, Herr Nikolaus,
ich bin mit einer Schüssel drauß';
leg mir viele schöne Sachen ein,
will dir dafür recht dankbar sein!

Auf dem Weihnachtsmarkt

Als Hans Unwirsch noch ein kleiner Junge war, wurde er sogleich von der Mutter und der Tante mit dem Ernst der Arbeit vertraut gemacht. Tante Schlotterbeck verstand sich auf kunstreiche Arbeit. Sie verschaffte sich damit einen kleinen Nebenverdienst, indem sie für eine große Spielwarenfabrik Puppen ankleidete – Herren und Damen, Bauern und Bäuerinnen, Schäfer und Schäferinnen und mancherlei andere lustige Männlein und Fräulein aus allen Lebensaltern und Ständen. Der Tante geschickte Hände gingen wacker mit Leim und Nadel, bunten Stoffen, Gold- und Silberschaum um und jede Puppe bekam ihren Teil davon ab, je nach Preis und Ausführung.

Hans Unwirsch half seiner Tante gerne bei der Arbeit, wenn ihm selbst auch bald jede Freude an den Puppen darüber verloren ging. Sie waren ihm zu alltäglich geworden. Aber der Beginn des Weihnachtsmarktes war für den kleinen Hans ein aufregendes Erlebnis. Mit Wonne trug er die Laterne voran, wenn die Tante mit einem kleinen Tisch zum Markte zog. Die Eröffnung des Geschäftes in dem vor dem schärfsten Wind geschützten Häuserwinkel war allein ein wundervolles Ereignis. Das Zusammenkauern unter dem großen, alten Regenschirm, das Anblasen der Glut in dem Kohlenbecken, das Aufstellen der käuflichen Gegenstände, der erste ruhige und doch erwartungsvolle Blick in das Getümmel des Marktes – das alles hatte seinen besonderen Reiz.

Das erste Zwetschgenmännlein, das dann verkauft wurde, freute Tante und Hans gleichermaßen und ebenso gut schmeckte beiden das Mittagessen aus dem Henkeltopf, das ein Nachbarkind von zu Hause herbeigebracht hatte. Aber das Beste von allem war doch der Abend mit seinem Nebel,

seinem Lichter- und Lampenglanz und seinem Lärmen, Drängen und Treiben.

Nicht immer konnte Hans ruhig auf der Bank neben der alten Frau sitzen. Bezaubert und verzaubert, trotz Kälte, trotz Regen und Schnee, unternahm er Streifzüge über den ganzen Markt und betrachtete die Waren der anderen Händler, die sie auf ihren Verkaufstischen ausgelegt hatten, um sie mit denen der Tante vergleichen zu können.

Um acht Uhr kam die Mutter und holte Hans heim. Das ging nicht ohne Widerstreben und Zappeln ab und der Versicherung, dass „morgen auch noch ein Tag sei". Die Tante blieb noch bis elf Uhr abends auf dem Markt. An einem Erlebnis auf dem Weihnachtsmarkt hatte Hans seinen besonderen Spaß. Er verkaufte einen Rosinenmann, den er selbst angefertigt hatte, und kaufte sich dafür – wieder einen Rosinenkaspar, den ein Mann am anderen Ende des Marktes feilbot.

Er wollte doch zu gerne wissen, wie das sei, wenn man sich selbst etwas kauft, das ein fremder Kopf ausgedacht und fremde Hände erschaffen hatten. Aber wie wurde er enttäuscht! Kaum hielt Hans den Rosinenkerl in Händen, kam ihm der Tausch doch so sinnlos vor – er hätte ja wirklich gleich sein eigenes Männlein behalten können. Und dafür hatte er den selbst verdienten Groschen ausgegeben. Den Groschen, um den er so viele andere Dinge auf dem Markt hätte kaufen können …

Schluchzend warf Hans das Rosinenmännlein weit im Bogen von sich und lief so schnell wie möglich davon. Als er zum Stand der Tante zurückkehrte, war er schon wieder getröstet, und weder die alte Frau noch die Mutter erfuhren, was aus seinem selbst verdienten Geld geworden war. Wer hätte auch auf dem Weihnachtsmarkt länger trüben Gedanken nachhängen können.

Knecht Ruprecht

Von drauß' vom Walde komm ich her;
ich muss euch sagen, es weihnachtet sehr!
Allüberall auf den Tannenspitzen
sah ich goldene Lichtlein sitzen.
Und droben aus dem Himmelstor
sah mit großen Augen das Christkind hervor.
Und wie ich so strolcht' durch den finstern Tann,
da rief's mich mit heller Stimme an:
„Knecht Ruprecht", rief es, „alter Gesell,
hebe die Beine und spute dich schnell!
Die Kerzen fangen zu brennen an,
das Himmelstor ist aufgetan.
Und morgen flieg ich hinab zur Erden,
denn es soll wieder Weihnachten werden!
Ruprecht, hast denn das Säcklein auch bei dir?"
Ich sprach: „Das Säcklein, das ist hier:
Denn Äpfel, Nuss und Mandelkern
mögen alle Kinder gern."
Christkindlein sprach: „So ist es recht;
so geh mit Gott, mein treuer Knecht!"
Von drauß' vom Walde komm ich her;
ich muss euch sagen, es weihnachtet sehr!

Ein Geschenk für den Nikolaus

Sicher wisst ihr schon, Kinder, dass der heilige Nikolaus von Jahr zu Jahr mehr Arbeit bekommt. Immer mehr Kinder wollen nämlich zum Nikolaustag von ihm persönlich beschenkt werden. Der Nikolaus versucht nun, so gut es geht, alle Wünsche zu erfüllen. Das ist gar nicht so einfach. Denn er ist nämlich schon ein alter Mann und er wird – wie wir alle – nicht jünger. Deshalb beschloss der Nikolaus letztes Jahr, sich die viele Arbeit ein wenig einzuteilen.

Schon am Morgen vor dem Nikolaustag machte er sich mit seinem großen Knuspersack auf den Weg, um auch rechtzeitig alle Aufträge zu erledigen. Es war ein ausgesprochen schöner Dezembertag und der Nikolaus wanderte am Vormittag bei frostklarem Wetter über die umliegenden Dörfer.

Gegen Mittag kam er in eine große Stadt. Die Sonne schien warm vom Winterhimmel. Der Nikolaus aber war auf seiner Wanderung müde geworden. Im Stadtpark setzte er sich auf eine leere Bank und sah den Wintervögeln zu, die an einem Futterhäuschen zwitschernd nach Körnern pickten.

Da der Nikolaus einen dicken Pelzmantel trug, fürchtete er sich nicht davor, sich auf der Bank im Freien zu erkälten.

Die Sonne strahlte wärmend vom stahlblauen Himmel. Keine Wolken waren dort und der Nikolaus fühlte sich ausgesprochen wohl.

Den schweren Sack mit dem vielen leckeren, knusprigen Zuckerzeug hatte er neben sich gestellt. Ihm entströmte ein köstlicher Duft. Der Nikolaus schnupperte. Als nun so die süßen Printen, Honigkuchen und Pfeffernüsse gar zu verlockend dufteten, bekam der Nikolaus plötzlich einen ungeheuren Appetit. Anfangs wollte er sich in einer Imbissstube eine Bratwurst kaufen. Aber dann dachte er: „Was sollst du mit dem schweren Sack erst wieder in die Stadt hineintraben? Lieber bleibe hier noch etwas sitzen und ruhe dich aus."

Nun, vom Ausruhen verging ihm nicht der Appetit. Die Kuchen dufteten köstlicher denn je zuvor. Da griff der Nikolaus in den Sack hinein und holte sich ein paar Lebkuchen heraus. Diese Kuchen begann er mit gesundem Appetit zu verspeisen.

In diesem Augenblick kam eine Mutter mit drei Kindern des Weges gegangen. Als der Junge den Nikolaus friedlich auf der Bank kauen sah, rief er aufgeregt aus: „Sieh, Mutter, sieh! Der Nikolaus mampft unsere Lebkuchen."

Und die Mädchen riefen: „He, du, Nikolaus! Das sind doch unsere Kuchen, die du verspeist!"

Dem Nikolaus blieb vor Schreck fast der süße Bissen im Halse stecken. Aber schon kam ein alter Mann herangehumpelt. Er hatte den Vorfall beobachtet und rief empört: „He, Sie, Herr Nikolaus! Sie sollten sich was schämen, den armen Kindern das Gebäck wegzufuttern!" Inzwischen war ein anderer Mann auf die Gruppe zugetreten, der ebenfalls empört ausrief: „Ja, so etwas grenzt ja schon an Diebstahl. Das geht doch wieder sicher auf Kosten der Steuerzahler!"

Der Nikolaus war sehr beschämt. Eilig wuchtete er sich seinen schweren Sack auf die Schultern. Denn von dem bisschen, was er gegessen hatte, war der Sack kein bisschen leichter geworden. Mürrisch stapfte er davon. Er hatte sich geschworen, in dieser Stadt, in der man ihn so unfreundlich behandelte, erst ganz am Schluss seine Gaben zu bringen.

Oben am Himmel hinter einem blauen Dunstschleier saß ein kleiner Engel, der hatte alles mit angehört. Er flog sofort in den Himmel zum Christkind, um alles zu berichten. Das Christkindchen hörte sich den Bericht des Engels genau an. Der kleine Engel war über das Beobachtete so empört, dass er kaum ruhig sprechen konnte. Doch das Christkind sagte: „Ach ja, so sind die Menschen. Seit Jahr und

Tag kommt der heilige Nikolaus an seinem Namenstag auf die Welt, um Millionen Menschen zu erfreuen. Das alles nehmen sie als ganz selbstverständlich hin, als müsste es so sein. Aber wenn der gute Alte einmal Hunger verspürt und nur ein Stückchen von den eigenen Lebkuchen knabbert, so gönnen sie es ihm nicht. Man muss doch sehr viel Geduld mit diesen Menschenkindern haben!"

Ja, liebe Kinder, aber ihr seid sicher nicht so wie die frechen Menschen dort im Park? Vielleicht überlegt ihr euch einmal, womit ihr dem Nikolaus in diesem Jahr eine Freude machen könnt. Was meint ihr, was der für Augen macht, wenn er von euch für all die schönen Gaben, die er euch bringen wird, ein von euch selbst gebasteltes Geschenk erhält!

Heute kommt
der Nikolaus

Nach Plätzchen duftet es im Haus,
denn heute kommt der Nikolaus;
und jeder denkt,
er kriegt auch was geschenkt!
Von drauß' vom Forste kommt er her,
an den Geschenken trägt er schwer.
Bald gibt es Nuss und Mandelkern,
Lebkuchen, Zimt- und Zuckerstern.
Für jedes Kind,
wenn alle artig sind.

Der Esel des Sankt Nikolaus

Das weiß jedes Kind, dass Sankt Nikolaus einen Esel hat, um all die unzähligen Säcke mit Nüssen, Äpfeln und Lebkuchen zu schleppen, die sein Herr braucht, wenn er am Sankt-Nikolaustag zu den Kindern geht, um nachzufragen, ob sie auch artig gewesen das Jahr hindurch. Er hatte natürlich nicht immer denselben Esel während der vielen, vielen Jahre, in denen er die Städte und Dörfer durchzog. Aber es waren doch immer Esel aus derselben Familie und fast immer sah einer aus wie der andere. Der Sohn folgte auf den Vater und der Vater war nach dem Großvater unverdrossen mit dem guten Sankt Nikolaus durch den Schnee gestapft.

All diese Eselchen sahen schön silbergrau aus und hatten eine schwarze Mähne und große Augen. Alle waren fleißig und folgsam, wie sich's gehört, wenn man der Esel des Sankt Nikolaus sein will.

Als nun der Winter wieder einmal gekommen war, der Schnee in dicken Flocken zur Erde fiel und die Weihnachtszeit nahe war, da kam Sankt Nikolaus in den Stall, wo das Eselchen stand, klopfte ihm auf den glatten Rücken und sagte: „Nun, mein Graues, wollen wir uns wieder auf die Reise machen?"

Der Esel stampfte lustig mit den Füßen und wieherte leise. So zogen sie denn zusammen aus, der Esel hoch bepackt mit Säcken, Sankt Nikolaus in seinem dicken Schneemantel, mit hohen Stiefeln und großen Pelzhandschuhen. Wenn sie so durch das Feld zogen, knirschte der Schnee unter ihren Füßen und ihr Atem flog in großen Wolken um sie herum. Aber Sankt Nikolaus lachte doch mit seinen fröhlichen alten Augen in die Welt hinein und das Eselchen schüttelte sich vor Vergnügen, sodass die silbernen Glöcklein weit über das Feld klangen.

Im nächsten Dorf kehrten sie ein, denn sie waren beide hungrig. Sankt Nikolaus stellte sein Eselchen in den Stall und setzte sich selbst in die warme Stube zu einem Teller Suppe. Im Stall standen schon ein paar Pferde. Auch ein Esel war unter ihnen und gerade neben diesem – es war ein großer Mülleresel – kam unser Eselchen zu stehen.

„Was bist denn du für ein Kauz?", fragte der Große verächtlich.

„Ich bin der Esel des Sankt Nikolaus", antwortete stolz unser Grauer.

„So", höhnte der Mülleresel, „da bist du auch etwas Rechtes. Immer hinter dem Alten herlaufen, im Schnee stehen vor den Häusern, fast erfrieren und verhungern, ehe du wieder in deinen Stall kommst. Keinen rechten Lohn, immer dasselbe Futter jahraus, jahrein. Ich würde mir so etwas nicht gefallen lassen."

„Ja, hast du es denn besser?", fragte ganz erstaunt das Eselchen. „Du musst doch auch Säcke tragen, oder nicht?"

„Natürlich", prahlte der Esel. „Aber nur, wenn ich will. Und zwischendurch laufe ich herum und gehe, wohin ich will. Habe ich Hunger, so komme ich heim und fresse, aber nicht nur dein lumpiges Heu, nein, Hafer, so viel es mir beliebt, und Brot und Zucker bringt man mir."

Das Eselchen glaubte dem Aufschneider alles, denn bei Sankt Nikolaus hatte es natürlich nicht lügen gelernt. Solch ein Leben erschien ihm beneidenswert, denn Hafer, Brot und Zucker bekam es nur selten.

„Es war natürlich nicht immer so", fuhr der Mülleresel fort. „Aber einmal lief ich einfach davon und kam acht Tage nicht wieder heim. Seither lassen sie mich machen, was ich will. Weißt du was, lauf deinem Alten auch einmal davon und lass ihn seine Säcke allein schleppen! Du sollst sehen, wie es nachher anders wird. Lauf, lauf, die Tür ist eben offen, und du bist nicht angebunden!"

Das Eselchen, das wirklich ein rechtes Eselchen war, wurde ganz verwirrt im Kopf

von all dem Neuen. Da der große Esel ihm Achtung einflößte und man auf das Böse viel leichter hört als auf das Gute, es auch große Lust hatte, einmal eine Reise auf eigene Faust zu machen, so besann es sich nicht lange und ging wirklich zur Tür hinaus. Dort schüttelte es sich, schlug übermütig aus, dass der Schnee davonstob, und galoppierte zum Hof hinaus, über die Straße, durch den Kartoffelacker und lief in den Wald. Dort sprang es hin und her, rannte mit den Hasen um die Wette, spielte mit den Hirschen und Rehlein und machte hohe Sprünge, um den Schnee abzuschütteln, der von den Tannen auf seinen Rücken fiel.

„Kroa, Kroa, da ist ja das Eselchen des Sankt Nikolaus!", riefen ein paar Raben, die über das Feld geflogen kamen und Sankt Nikolaus oft gesehen hatten, wenn er mit seinem Grauen über Land zog. „Wie kommst denn du hierher?" – „Ganz allein", sagte stolz das Eselchen, „und sobald gehe ich nicht wieder heim. Mir ist es verleidet, immer Säcke zu tragen, ich will nun ein wenig meine Freiheit genießen." – „Und Sankt Nikolaus?", fragten die Rehe und Hirsche und Hasen, denn sie

kannten ihn alle. – „Oh der", sagte das böse Eselchen, „muss sich nun einen andern suchen oder seine Säcke selber tragen." Es sprang davon, immer weiter in den Wald hinein.

Da begegnete es einem Burschen mit einem Gewehr.

„Du kommst mir gerade recht!", lachte er und schwang sich auf das Eselchen. Er war oben, ehe es recht wusste, wie ihm geschah, und all sein Bocken und Ausschlagen half ihm nichts. Mehr als zwei Stunden musste es ihn durch den Wald tragen, bis er vor dem nächsten Dorf abstieg.

Das Eselchen war müde und hungrig geworden. Es lief auf eine große Wiese, um etwas Essbares zu suchen. Der Schnee war aber sehr hoch und hart gefroren und das Eselchen fand nicht das kleinste Kräutlein. Als es weiterlief, sah es am Ende der Wiese, nah am Waldesrand, ein altes Mütterchen gehen, das auf seinem Rücken eine große Bürde Holz schleppte. Mühsam und langsam ging es vorwärts und atmete schwer. Das Eselchen, das im Grunde ein gar liebes Eselchen war und bei Sankt Nikolaus nur Gutes gelernt hatte, ging ganz nahe zu dem Mütterchen hin und blieb vor ihm stehen. Es senkte auch seinen Kopf und sah mit seinen klugen Augen die alte Frau so aufmunternd an, dass diese das Tier wohl verstand. Sogleich lud sie ihm ihr Holz auf den Rücken, tätschelte ihm

den Hals und machte: „Hü!" Das Eselchen trottete sanft hinter dem Mütterchen her, bis sie das kleine Häuschen erreicht hatten, weit draußen vor dem Dorf.

Kaum war das Holz abgeladen, so kamen die Enkelkinder der Alten, sprangen um den Esel herum und riefen: „Ach, lass mich reiten, lass mich reiten!"

Das Eselchen, das von Sankt Nikolaus gelernt hatte, die Kinder lieb zu haben, ließ sie reiten. Erst die Mädchen, dann die Buben, dann wieder die Mädchen und wieder die Buben. Zuletzt saßen zwei auf, ritten gegen das Dorf, schrien „hü" und „hott" und schwangen ihre Mützen. Vor dem Dorf warf das Eselchen sie ab und es gab ein großes Gelächter und Geschrei. Darauf sprangen die Kinder heim.

Das Eselchen lief weiter und wusste nicht so recht, wohin es gehen sollte. Es war schon müde und Hunger und Durst hatte es auch. Es kam an einem Brunnen vorbei und wollte trinken, aber da war alles gefroren und nur tropfenweise rann das Wasser aus der Holzröhre. Das Eselchen leckte daran, aber es konnte damit seinen Durst nicht stillen. Auch zu fressen fand es nichts. Langsam lief es in den Wald zurück und dachte an seinen warmen Stall, an das viele Heu, das es immer bekam, und an den guten Sankt Nikolaus, der ihm jedes Mal dabei über den Rücken strich. Traurig ging es vorwärts. Hier und da fiel

ein Tannenzapfen herunter oder es krachte ein dürrer Ast, aber sonst war alles still. Die Dämmerung kam und dem Eselchen wurde es unheimlich. Wenn es nur den Weg gewusst hätte! Wenn es doch nur wieder daheim wäre, dachte es betrübt und senkte den Kopf tief, tief herunter.

Nachdem der gute Sankt Nikolaus seine Suppe gegessen hatte, ging er in den Stall, um das Eselchen herauszuholen. Aber da war kein Eselchen mehr! Er suchte es überall und fragte alle Leute, ob sie sein Eselchen nicht gesehen hätten, aber niemand halle es gesehen. Da kam er auf die Straße und sah im Kartoffelacker Spuren von kleinen Hufen. Er ging den Spuren nach und kam bald in den Wald. Da krächzten über ihm ein paar Raben: „Kroa, Kroa, dein Eselchen ist im Wald!" Sie flogen vor ihm her und zeigten ihm eine Weile den Weg. Als sie nicht mehr weiterwussten, kamen die Hirsche und Rehe und sagten: „Sankt Nikolaus, dein Eselchen ist zum Dorf gelaufen!" Sankt Nikolaus lief bis zum Dorf und war schon recht müde. Da begegnete er einem Hasen, der über ein Krautfeld lief. Der machte ein Männchen, dass die Löffel kerzengerade in die Höhe standen, und sagte: „Sankt Nikolaus, dein Eselchen ist hinter dem Dorf im Wald, ich habe es eben gesehen. Es steht unter einer Tanne und lässt die Ohren hängen."

Und richtig, als Sankt Nikolaus den Hügel hinter dem Dorf hinaufstieg, sah er das Eselchen ganz traurig

stehen. Es war so müde, dass es nicht einmal den Kopf wandte, als es Schritte hörte.

„Graues!", rief Sankt Nikolaus.

Potztausend, was machte das Eselchen da für einen Sprung und wie lief es hin zu Sankt Nikolaus, den es, obwohl es ganz dunkel war, gleich erkannte. Es tanzte vor Freude, schmiegte sich dicht an ihn und rieb seinen Kopf an dem weichen, wohlbekannten Pelzmantel.

„Aber Graues", sagte Sankt Nikolaus, „was machst du für Sachen!" Da schämte sich das Eselchen ganz gewaltig. Sankt Nikolaus nahm es am Zaum. Die beiden guten Freunde trotteten durch den Schnee zur nächsten Herberge und als das Eselchen auf sauberem Stroh im Stalle stand, das duftende Heu vor sich, und Sankt Nikolaus es hinter den Ohren kraulte, da dachte es bei sich: „Diesmal bist du aber ein wirklicher Esel gewesen!"

Und das war die Geschichte von Sankt Nikolaus' Eselchen!

Stille Nacht,
heilige Nacht!

Stille Nacht, heilige Nacht!
Hirten erst kundgemacht,
durch der Engel Halleluja,
tönt es laut von fern und nah:
Christ, der Retter ist da,
Christ, der Retter ist da!

Stille Nacht, heilige Nacht!
Alles schläft, einsam wacht
nur das traute hochheilige Paar,
holder Knabe im lockigen Haar.
Schlaf in himmlischer Ruh,
schlaf in himmlischer Ruh!

Ihr Kinderlein, kommet

Ihr Kinderlein, kommet,
o kommet doch all'!
Zur Krippe her kommet
in Bethlehems Stall.
Und seht, was in
dieser hochheiligen Nacht
der Vater im Himmel
für Freude uns macht.

Fröhliche Weihnacht überall!

„Fröhliche Weihnacht überall!",
tönet durch die Lüfte froher Schall.
Weihnachtston, Weihnachtsbaum,
Weihnachtsduft in jedem Raum!
„Fröhliche Weihnacht überall!",
tönet durch die Lüfte froher Schall.

Frau Stolles Weihnachtsstollen

Frau Stolle backt den Christfeststollen
so gut, dass alle naschen wollen.
Mit Marzipan und Sultaninen,
mit Mandeln, Vollmilch und Rosinen,
mit Mehl von allerfeinster Sorte
backt sie den Stollen fast wie Torte.
Ja, ihr Gebäck – du kommst dahinter –
schmeckt allen! Männer, Frauen, Kinder
in unserm Neubau sagen: „Klasse!"
Der Hund von allerfeinster Rasse,
den unsere Metzgersfrau besitzt,
hat sich auf diesen Stollen gespitzt,
obwohl er Schnitzel haben könnte.
Doch glaubst du wohl, Frau Stolle gönnte
uns nichts von ihren Weihnachtsstollen?
Wir dürfen schmausen, wie wir wollen!
Frau Stolle, die backt unermüdlich,
und alle, alle tun sich gütlich!

Geplünderter Christbaum

O Tannenbaum, o Tannenbaum,
was ist aus dir geworden?
Du warst ein grüner Weihnachtstraum,
gefällt im hohen Norden.
Du warst geschmückt, du warst geputzt
mit Honigkuchenherzen,
es hat dir alles nichts genutzt,
die Kugeln und die Kerzen:
O Tannenbaum, o Tannenbaum,
jetzt bist du dürr und kahl;
dein Ende naht im Tonnenhof
und Weihnacht – war einmal!

In der Neujahrsnacht

Die Kirchturmglocke schlägt zwölfmal Bumm.
Das alte Jahr ist wieder mal um.
Die Menschen können sich in den Gassen
vor lauter Übermut gar nicht mehr fassen.
Sie singen und springen umher wie die Flöhe
und werfen die Mützen in die Höhe.
Der Schornsteinfegergeselle Schwerzlich
küsst Konditor Krause recht herzlich.
Der alte Gendarm brummt heute sogar
ein freundliches: Prosit zum neuen Jahr!

Inhalt:

Frau Holle schüttelt ihre Betten *Bruno Horst Bull* **6**

Winter in der Bärenhöhle *Bruno Horst Bull* **7-8**

A, a, a, der Winter, der ist da! *Hoffmann v. Fallersleben* **9**

Rund und bunt *Bruno Horst Bull* **10**

Stürmischer Karneval *Bruno Horst Bull* **11**

Der Kutscher wollte König sein *Bruno Horst Bull* **12-13**

Alle Vögel sind schon da / Kommt ein Vogel geflogen *Volkslieder* **14-15**

Biene Summel begrüßt den Frühling *Bruno Horst Bull* **16**

Summ, summ, summ *Volkslied* **17**

Die fleißigen Osterhasen *Ingrid Rudolph* **18-21**

Die kleine Prinzessin denkt an den Osterhasen *nach Bruno Horst Bull* **22**

Osternest im Garten *Bruno Horst Bull* **23**

Hexen-Frühjahrsputz *Bruno Horst Bull* **24**

Morgens früh um sechs *Volksgut* **25**

Der Maikäfer im März *Bruno Horst Bull* **26-27**

Das Geschenk der Zwergenkinder *Bruno Horst Bull* **28-29**

Was im Juni geschieht *Bruno Horst Bull* **30**

Welche Lösung müssen die Erdbeerdiebe finden? *Bruno Horst Bull* **31**

Das unzufriedene Schweinchen *Bruno Horst Bull* **32-33**

Tra, ri, ra, der Sommer, der ist da! *Volksgut* **34-35**

Hinterm Hause Nummer drei *Volksgut* **36**

Backe, backe Kuchen *Volkslied* **37**

Der Spatz und seine Freunde *Bruno Horst Bull* **38-39**

Das Ährenfeld *H. Hoffmann v. Fallersleben* **40-41**

Durch den Zauberwald *Nach Ernst Lausch* **42-45**

Ri-ra-rutsch *Volksgut* **46-47**

Die Giraffe stößt an die Sterne *Lene Hille-Brandts* **48-50**

Dr. Allwissend *Brüder Grimm* **51-53**

Das Haus der Bücher *Bruno Horst Bull* **54**

Spannenlanger Hansel *Volksgut* **55**

Das Kornfeld *Johannes Trojan* **56**

Der Bauer und der Spielmann *Herbert A. W. Kasten* **57-60**

Brüderchen, komm, tanz mit mir *Volkslied* **61**

Der neue Mieter *Lene Hille-Brandts* **62-63**

Laterne, Laterne / Es regnet, es regnet *Volkslieder* **64-65**

Ferdinand und die Freunde in der Fremde *Annegret Hägele* **66-67**

Es wird wieder Herbst / Dicke Kastanien *Bruno Horst Bull* **68-69**

Ulkiger Herbst *Bruno Horst Bull* **69**

Der Riese Donnergroller und die Zwerge *Bruno Horst Bull* **70-72**

Der Herbst / Der Wind *Bruno Horst Bull* **73**

Ich geh mit meiner Laterne **74**

Gespensterlaterne *Bruno Horst Bull* **75**

Die Bremer Stadtmusikanten *Brüder Grimm* **76-85**

Du liebe Zeit, es schneit! / ABC, die Katze lief im Schnee *Volksgut* **86-87**

Herr Nikolaus *Volksgut* **88**

Auf dem Weihnachtsmarkt *Wilhelm Raabe* **89-90**

Knecht Ruprecht *Theodor Storm* **91**

Ein Geschenk für den Nikolaus *Bruno Horst Bull* **92-93**

Heute kommt der Nikolaus *Bruno Horst Bull* **94**

Der Esel des Sankt Nikolaus *Lisa Wenger* **95-100**

Stille Nacht, heilige Nacht *Weihnachtslied* **101**

Ihr Kinderlein, kommet *Weihnachtslied* **102-103**

Fröhliche Weihnacht überall! *Weihnachtslied* **104**

Frau Stolles Weihnachtsstollen *Bruno Horst Bull* **105**

Geplünderter Christbaum *Bruno Horst Bull* **106**

In der Neujahrsnacht *Joachim Ringelnatz* **107**